Tanja von Salzen-Märkert

Die Kunst des Loslassens
Von der Meisterschaft in der Pferdebegegnung

Die Kunst des Loslassens

Von der Meisterschaft in der Pferdebegegnung

Tanja von Salzen-Märkert

Deutsche Nationalbibliothek, CIP Einheitsaufnahme
Die Deutsche Nationalbibliothek verzeichnet diese Publikation in der Deutschen Nationalbibliografie.
Detaillierte bibliografische Daten sind im Internet über http://dnb.ddb.de abrufbar.

Haftungsausschluss:
Die Autorin übernimmt keine Haftung für Folgen, die in Anlehnung an Vorschläge und Tipps, wie sie in diesem Buch beschrieben werden, entstehen. Alle Empfehlungen dienen ausschließlich der unterhaltsamen Erweiterung des/der Lesers/Leserin, dienen der möglichen Entwicklung von Wissen und Intuition, und sind niemals als direkt zu übertragende Weisung für eine Handlung zu verstehen. Empfehlungen und Beispiele in diesem Buch ersetzen nicht die fachliche Analyse Ihrer Situation oder der Ihrer/s Pferde/s. Die direkte Übertragbarkeit wird hiermit ausdrücklich ausgeschlossen.

Gestaltung: Tanja von Salzen-Märkert
Schriftsatz und E-Books: Dr. Bernd Floßmann www.IhrTraumVomBuch.de
Titelbild: shutterstock_376221037
Korrektur und Gestaltungsberatung: Sigrid Neef
Druck und Veröffentlichung: epubli, Deutschland

Inhalt

Vorwort

Fast alle Pferdehalter, die ich kenne, wünschen sich früher oder später ein losgelassenes, sich selbst tragen könnendes, gesundes Pferd, das sich am liebsten freudig unseren Aufgaben und Bedürfnissen stellt und frei und lebendig, motiviert und kooperativ ohne großen Widerstand mitmacht. Dabei soll es uns wie magisch unsere Ziele von den Lippen ablesen, damit wir Halter ausschließlich unseren Willens in Form von Wünschen äußern müssen. Wir hoffen darauf, durch Freundlichkeit die Resultate förmlich geschenkt zu bekommen, frei von Druck, Gewalt und Zwang. Doch den wenigsten Menschen ist bewusst, was das für ein großes Ziel ist. Und für viele ist es eine scheinbar unlösbare Aufgabe, dass ein versammeltes Pferd einen versammelten Halter beziehungsweise Reiter benötigt, um so sehr bei sich selbst zu sein, dass eine innere Versammlung außen sichtbar werden kann. Diese Form von Magie bedarf eines geklärten, reflektierten und mit sich im Reinen seienden Menschen.

Ein Mensch, der diese Perfektion von einem Pferd verlangt, muss in der Lage sein, sich selbst zu annähernd hundert Prozent innerlich und äußerlich zu sammeln und seine eigene Mitte zu besetzen, um sich voller Überzeugung selbst zu beseelen und selbst-sicher auftreten zu können. Nur dann, wenn wir unsere Mitte gefunden haben und sie im Sturm von Eindrücken und Einflüssen erfolgreich zu halten in der Lage sind, sind wir die Vorbilder, die solch ein Pferd als Leitfigur braucht. Damit es zu voller Entfaltung kommen kann, benötigt es Sicherheit und Geborgenheit von einem „Herdenmitglied“, das *wir* an dieser Stelle ersetzen müssen. *Wir* sind der Schlüssel, um das Pferd während seiner Entwicklung gewissermaßen zu tragen und ihm durch unsere innere

Souveränität den Weg in seine volle Größe zu ebnen. Um ein Pferd sich frei entwickeln zu lassen, müssen wir ein gewisses Maß an Freiheit spüren und diese Freiheit nächstenliebend ermöglichen können, ohne das Pferd einzuschränken, klein zu machen, zu dominieren oder auf andere Weise in unser vielleicht hier und dort enges Denk- und Gefühlsmuster zu drängen. Wir müssen körperlich, seelisch und geistig fit werden. Denn unsere Blockaden und Einschränkungen werden von einem Lebewesen wie einem Pferd, das sich wie in der Natur an der Gruppenenergie orientiert, um dabei sein zu dürfen und nicht als „andersartig" verstoßen zu werden, sofort kopiert. Schmälerungen auf der einen Seite der Seils werden so zu Schmälerungen auf der anderen Seite des Seils. Pferde passen sich an. Das ist ihre Kernkompetenz und sicher ein Grund, weshalb Pferde uns so sympathisch sind.

Wer einem Pferd Halt geben möchte, braucht vor allem selbst Halt. Wer einem Pferd Sicherheit vermitteln möchte, sollte sich selbst seiner Sache, seiner Persönlichkeit und der aktiven Situation sicher sein. Wer möchte, dass sein Pferd seine eigene Identität zeigen und sie bewahren kann, muss dies zuvor für sich als Mensch erarbeitet und gemeistert haben. Selbst Pferde, die von einer Art ganzheitlichem Meister ausgebildet wurden, können in den Händen eines Menschen, der dies nicht umzusetzen vermag, nur noch so viel von dem Gelernten abrufen und in die Tat umsetzen, wie dieser Mensch eben Antworten auf entsprechende Fragen hat und Fragen auf schon gegebene Antworten neu formulieren kann.

Um das Ziel zu erreichen, ein vollkommenes, authentisches und klar strukturiertes Pferd zu haben und es als ein solches zu erhalten, sind wir demnach immens gefordert, an uns selbst zu arbeiten. Für die einen ist es ein Fluch, für die anderen ein Segen. Denn in der Arbeit an uns selbst sind wir nicht nur gefordert, uns mit unseren geliebten Vorzügen und Kompetenzen zu beschäftigen, wir werden vor allem mit unseren, zum Teil schwergewichtigen unliebsamen Seiten konfrontiert, denn gerade mit denen gehen unsere Pferde schnell in Resonanz. Diese sind dazu noch ineinander eingebettet und miteinander verflochten, und die Tragweite dessen, wie weit Verstrickungen in uns selbst unseren Körper, Geist und unsere Seele beeinflussen, muss uns bewusst werden, wenn wir uns selbst meistern wollen.

Vieles von dem, was wir nicht wollen, hat eine starke, fast unterirdische Kraft in unserem Unterbewusstsein eingenommen und ist in unserer Körpersprache sichtbar. Dort finden wir neben dem, was wir genetisch mitbringen in diese Welt, Prägungen, Erziehung, Muster und Glaubenssätze, die automatisch für uns einspringen, wenn wir durch sie bereits einmal Erfolg oder Erleichterung erlangt haben, oder sie als Überlebensstrategie notwendig waren. Wichtig ist es zu verstehen, dass alles, aber auch wirklich alles, was wir in unserem Unterbewusstsein finden, zu einem bestimmten Zeitpunkt im Leben für uns dienlich und somit gut war. Es ist nicht nötig, sich zu verurteilen, sich klein zu machen oder sich unwert zu fühlen, nur weil wir Anteilen von uns begegnen, die noch mit Dunkelheit besetzt oder in die Tiefen des Unterbewusstseins verdrängt wurden, um sie erst gar nicht wahrnehmen zu müssen.

Was wir uns erarbeiten dürfen, ist ausschließlich ein neuer Umgang mit allem, was uns ausmacht, damit wir geklärter und friedvoller, frei von beschränkenden und manipulativen Mustern und Vorschriften ins Jetzt kommen können. Das Geschenk, das durch die Entwicklung unseres Selbsts entsteht, ist die Selbstbestimmung, der wohl schönste Aspekt von Freiheit. Denn je bewusster wir uns um uns und unsere Anteile, ihre Chemie, ihre Dynamik wissen, um so mehr können wir aktiv entscheiden, wann wir welche Strategie zum Wohle aller Beteiligten einsetzen und nutzen können. Wer sich traut, weiter zu lesen, kann daher in ein großes Aufräumen kommen. Sich innerlich berühren zu lassen, kann Emotionen wecken, die ganz tief in uns schlummern. Es kann eine Bewusstwerdung nach sich ziehen, die sich auf das gesamte Leben und all seine Teile auszuwirken vermag, wenn wir das innere Aufräumen zuerst angehen – und dann geschehen lassen. Das Leben selbst unterstützt diejenigen, die nach Licht im Dunkeln suchen und bringt teilweise ungeahnte Schätze aus den Kammern hervor. Was der Sache dienlich ist, ist eine selbstliebende, klare Absicht. Die gilt es als erstes zu formulieren. Denn Energie folgt immer der Aufmerksamkeit, und die ist gekennzeichnet von unserer Absicht. Ich bin mir absolut sicher: Wer beabsichtigt, für sein Pferd ein noch besseres Gegenüber zu werden, ein echter Partner, dem wird es gelingen.

Vorgeschichte

Als ich an einem Spätsommertag mit vierzehn Jahren meine damals siebenjährige Traberstute wütend über die Weide jagte, weil sie sich mal wieder nicht einfangen ließ und vor Energie nur so strotzte, war ich zornig und verzweifelt.

Ich wollte nicht nur mit ihr ausreiten, ich *musste es*. Vollkommen überflutet von den Eindrücken des Tages war der Galopp auf Peggy das, was mir tagtäglich half, wieder Luft zu kriegen, meinen Geist zu beruhigen

und zu einer Art Besinnung zu kommen. Nichts und niemand konnte mich so gut zu mir selbst zurückbringen, wie Peggy. Peggy und ihre Geschwindigkeit.

Peggy kam zwei Jahre zuvor von der Trabrennbahn und wurde verkauft, weil sie zu wenig zu zügeln war und sich anfangs auf überhaupt keine Kompromisse einließ.

Genau wie ich.

Waren wir erst einmal in Gang, jede für sich oder beide zusammen, gab es scheinbar nichts, was uns aufhalten konnte. Doch an diesem Tag ärgerte sie mich. Mit hoch erhobenem Kopf und ebenso empor gestrecktem Schweif galoppierte sie wie mit Sprungfedern unter den Hufen über die große Wiese und ließ mich ihr nachrennen. Ich hatte keine Chance. Ich versuchte einen Moment, ihr zumindest mit meinem Fokus und meinem Ehrgeiz auf den Fersen zu bleiben, doch es half nichts, ich konnte nicht im Geringsten mithalten und an ein Einfangen war überhaupt nicht zu denken. Wenn Peggy nicht wollte, dann war das auf dieser großen Wiese schlicht ergreifend unmöglich, sie einzufangen. Meine Wut und meine Verzweiflung darüber, wie ich damit umgehen sollte, steigerten sich noch, als sie in großen Runden um mich herum im Kreis galoppierte und wie beflügelt niemals wieder anzuhalten schien. Herausfordernd schaute sie mich an und stieß einen vor Lautstärke dröhnenden, übermächtigen Freudenschnauber aus. Sie war fröhlich, übermütig, sich ihrer Überlegenheit bewusst und hatte Freude daran, sich in bester Form und Laune zu präsentieren. Ich dagegen fühlte mich klein und unbeschreiblich unfähig. Ich raffte meine ganze gestaute Wut zusammen, nahm den Strick des Halfters in die andere Hand und dachte mir, ich würde ihr nun einfach den Weg abschneiden, um sie zu bremsen und ihr zumindest ihren Spaß zu verderben. Wenn ich keinen Spaß haben konnte, dann sollte sie mir nicht so deutlich vor Augen führen, dass sie ihn hatte, jederzeit haben konnte und dazu auch gar niemanden brauchte. Sie war vollkommen unabhängig. Ich nicht. Ich brauchte sie. Also war ich in der Konstellation die zweite im Bunde. Sie war die Chefin, sie war erhaben. So schien es zumindest.

Geschickt begann ich, mich immer dorthin zu orientieren, wo entlang sie in einigen Sekunden triumphierend rennen würde. Ich nannte das damals Wahrscheinlichkeitsrechnung. Und darin war ich nicht nur in der Schule sehr gut. Wenn sie irgendwo entlang lief, wandte ich mich komplett von ihr ab, um mich an den Punkt an den Zaun auszurichten und verdeutlichte meine Präsenz mit dem Seil Richtung Zaun. Mit dem Seil schwingend versperrte ich ihr dort den Durchgang. „Hier kommst Du nicht entlang, das ist *mein* Pfad," hatte ich dabei nicht nur im Kopf, sondern spürte es voller Überzeugung in jeder Zelle. Peggy war ebenso gut in dieser Art Wahrscheinlichkeitsrechnung. Sie sah, was ich tat, und sie reagierte unmittelbar darauf. Direkt beim ersten Versuch machte sie eine Vollbremsung, kehrte um, raste voller Freude in die andere Richtung und zeigte, dass auch das ihr Spaß machte, ich sie aber deshalb noch lange nicht bekam. Mein Ziel, ihr den Spaß zu verderben hatte ich somit zwar nicht erreicht, aber ein viel größerer Erfolg stellte sich ein. Denn mit einem Mal war ich an ihrem Spaß beteiligt, konnte mitmachen und fühlte mich integriert. Meine Wut verging wie im Fluge. Ich fühlte mich jeden Moment besser. So verlor ich mein Ziel, sie einzufangen, vor lauter Freude an der gemeinsamen Aktion aus den Augen. Bis sie plötzlich stoppte, sich zu mir drehte, mich kurz einzuschätzen schien und im Galopp voller Freude auf mich zustürmte. Einen Meter vor mir hielt sie an, leckte, kaute, schnaubte, senkte Kopf und Hals und steckte ihren Kopf ohne mein Zutun in das Halfter, das ich noch immer am Ende des Seils in meiner Hand hielt. Ich half ihr, es überzustreifen und ging nachdenklich ein paar Schritte mit ihr Richtung Weidetor. Etwas ließ mich stoppen und innehalten. Ich fühlte eine Art Magie. Was war nur geschehen? Warum hatte dieses

Pferd sich auf einmal umentschieden und war von selbst in das Halfter geschlüpft? Nie zuvor war es so eindeutig, dass sie nun aufgehalftert werden konnte. Etwas hatte sich in diesem Moment verändert. Es war nicht nur *möglich*, sie aufzuhalftern, nein, sie selbst schien *den Wunsch zu verspüren* und gab sich Mühe, in das Halfter zu schlüpfen. Dabei war sie vollkommen ruhig und schien höchst zufrieden. Das wahrzunehmen fühlte sich großartig an!

Analytisch führte ich mir die vergangene Situation noch einmal vor Augen. Mein Vorhaben, mein heutiges Ziel, das Gefühl vorher und nachher. Ich fühlte mich so unbeschreiblich gut nach dieser Erfahrung. Es war ein gutes Gefühl, in einer ruhigen Form, nicht egozentrisch, triumphierend oder überheblich. Es fühlte sich an, als wäre gerade etwas sehr selbstverständlich. Da begriff ich: Das ist Mitte. So fühlt es sich an, wenn etwas ganz natürlich gelingt, wenn zwei Lebewesen authentisch sein konnten und zudem eine Wellenlänge fanden, weil sie die Chance hatten, sich aufeinander abzustimmen. So musste es sich anfühlen, wenn man ein Pferd in einer Herde wäre. Immens aufeinander abgestimmt, Kommunikation über kleinste Körperbewegungen, die natürlich, authentisch und eindeutig waren und auf die jedes Pferd angemessen zu reagieren wüsste. Das musste die Magie der Körpersprache sein. Herdenverhalten. „Wow", intuitiv wusste ich, gerade ist etwas ganz Wichtiges in meinem Leben geschehen. Etwas, was jetzt, in nächster Zeit und vermutlich für immer eine Bedeutung für mich hätte. Etwas Wegweisendes. Vielleicht sogar für mein ganzes Leben. Doch was war es genau? Ich hielt Peggy am Seil und ließ sie grasen, während ich andächtig überlegte. Was war es nur?

Ich ließ die gerade vergangene Situation noch einmal vor meinem inneren Auge ablaufen. Peggy war übermütig, ich war unzufrieden und wütend. Erst aufgrund meines Tages, dann verstärkt durch den sich einstellenden Misserfolg, sie nicht einfangen zu können, später auf mich selbst. Dann kam die Idee, ihr während ihrer wilden Galoppeskapaden den Weg abzuschneiden. Das taten wir eine Zeit lang wieder und wieder, weil es so gut funktionierte. Und weil es Spaß machte, jedenfalls so lange, bis ich nicht mehr konnte.

Jetzt dämmerte es mir! Ich war erschöpft von dem hohen körperlichen Einsatz und der geistigen Geschwindigkeit, die ich an den Tag legen musste, um ein ebenbürtiges Gegenüber zu sein. Nicht eine Sekunde hatte Peggy mich innehalten lassen. Ich war eigentlich wegen des Reitens gekommen, und wegen meiner angestauten Emotionen, die mich unzufrieden sein ließen. Und nachdem Peggy mich auf Trab gebracht hatte, und dieses Spiel, als das sich unser Tun herausstellte, ohne Worte und fern von jeder Grobheit immer besser funktionierte, war ich plötzlich wie entstaut – und sehr zufrieden. Alles in mir begann zu fließen. Ich wollte an diesem Tag ursprünglich nichts weiter, als dieses Gefühl zu erreichen. Naja, ganz so bewusst war mir das zu dem Zeitpunkt noch nicht. Ich wollte mich vielmehr mit Hilfe meines Pferdes aus meiner emotionalen Not befreien und emotionalen Schrott abladen. Das hatte ich jetzt ganz ohne Galopp zu Pferde geschafft. Ich hatte plötzlich gar kein Interesse mehr daran, was ich zuvor gewollt hatte, da ich mein Ziel ganz anders, und viel natürlicher erreicht hatte. Ich hatte meinen Plan losgelassen. Dann hatte ich meine Wut und meine Unzufriedenheit allein dadurch losgelassen, dass ich ins Handeln kam. Und dass das Handeln auf eine Art und Weise funktionierte und ein Ziel näherbrachte, wie es schöner nicht sein konnte, machte mich demütig und führte meine Aufmerksamkeit nach innen. Also hielt ich zufrieden inne. Und *das* war es, was Peggy animierte, zu mir zu kommen!

Mein starker Wille war still geworden, die Spannung wich aus den Muskeln. Ich senkte den Arm und mit ihm Strick und Halfter. Die Atmung beruhigte sich und mit ihr auch der ambitionierte und fokussierte Blick, den ich während des Spiels hatte. Ich wurde ruhig und zufrieden. „Dann eben nicht“, dachte ich mir für einen Moment, als ich mein Vorhaben losließ. Ich wollte Peggy gar nicht mehr einfangen. Sie hatte sich bewegt, ich hatte mich entstaut, Reiten war nicht mehr nötig. Eine friedvolle, sanfte Stimmung ganz ohne jeglichen Alltagsdruck machte sich in mir breit. Und diese Stimmung hielt an. Peggy erkannte die Tiefe und die Beständigkeit die ich darin fand. Ab diesem Tag mussten wir nie wieder über das Einfangen verhandeln. Sie folgte mir, wohin ich auch immer mit ihr ging und schenkte mir das Gefühl von Verantwortungs- und Führungskompetenz. Und wenn sie einmal nicht so gut drauf war (was selten der Fall war), dann schenkte ich ihr solch eine Spieleinheit und sie erinnerte sich im Nu daran und kam aufgeheitert und freudvoll mit. Ich hatte sie ohne mein bewusstes Zutun überzeugt, einen wichtigen Schlüssel gefunden zu haben: Von nun an konnte ich loslassen. Das war das Rezept dafür, sie für immer freiwillig bei mir zu halten.

Danke Peggy!

Die 12 Schritte des kleinen und großen Loslassens

Das Loslassen eines vorgefassten Plans

Wie in der beschriebenen Situation mit meiner geliebten Stute Peggy, die mich gelehrt hat, dass ihr alles andere gerade wichtiger ist, als sich auf *meinen* Plan einzulassen, habe ich dieses Phänomen im Laufe der Jahre zwischen Pferd und Mensch immer wieder beobachtet.

Zielstrebig fokussiert zu sein ist definitiv eine Eigenschaft von Raubtieren, zu deren Gruppe wir als Menschen nun einmal gehören. Wir

sind es, die einen Plan im Kopf haben und diesen stetig und zum Teil ehrgeizig um- und durchzusetzen versuchen. So mancher Mensch ist sehr betrübt darüber, wenn er mit seiner Vorstellung zu seinem Pferd kommt, und dieses sich sträubt oder die Idee boykottiert und sie damit gekonnt im Keim erstickt. Frust, Traurigkeit, manchmal Wut und Enttäuschung stellen sich bei vielen ein, die nicht geübt sind, ihren vorgefassten Plan loszulassen. Es sind dann oft die aufkommenden Gefühle des Versagens, die überwunden werden müssen. Und genau in diesem Atemzug möchte ich Ihnen die Gelegenheit geben, mit falschen Ideen und Vorstellungen aufzuräumen.

Bereits als Kind wurde den meisten von uns gelehrt, dass wir in allerlei gut und zielstrebig sein sollten. Dafür bekommen wir einen extra Sympathiebonus, eine Belohnung oder wir werden in uns selbst durch einen Anstieg im Selbstbewusstsein und Selbstvertrauen bestärkt. Eine sich selbst belohnende innere Haltung, die bei besonders Zielstrebigen und Ehrgeizigen so etwas wie süchtig machen kann. Je mehr Anerkennung wir bekommen, desto stärker ist die Endorphinausschüttung in unserem Gehirn und macht uns kurz schmerzfrei, erhaben und drogenähnlich high. In der Schule sollten wir gut sein, besser noch bestens, damit wir eine erfolgreiche und möglichst finanziell gut gestellte, abgesicherte Perspektive in unserem Leben ansteuern können. Wir sollten alles, was wir beginnen, möglichst zu Ende bringen und unsere Ziele neben dem Schulabschluss auch im Sport, bei der Berufswahl, in der Ausbildung, in der Freizeit, dem sozialen Engagement und vielen anderem erreichen. Wer sein Ziel erreicht, der ist „gut" und passt in die Welt. Solch eine Person ist „zu gebrauchen", hat weder zwei linke Hände, noch ausschließlich Daumen, und erntet die Achtung und die Anerkennung der anderen. Wir fühlen uns respektiert. Der Weg für erfolgreiche Menschen scheint gesellschaftlich weiter, offener, geebneter und lichtvoller zu sein, als der Weg für erfolglose Menschen. Doch genau an dieser Stelle möchte ich ansetzen, denn ein Nachgiebig sein, die Fähigkeit, flexibel auf Situationen zu reagieren, die Kommunikation mit anderen und deren Bedürfnisse gekonnt mit den eigenen zu vereinen, kann einem Menschen ebenso zu innerem Erfolg und emotionalem Frieden verhelfen, wie das Festhalten an fixierten und messbaren Zielen. Ich nenne das den „weichen Weg“, denn es geht nicht darum, sichtbare Ziele zu erreichen, sondern es geht vor allem um fühlbare Ziele, wie Harmonie, Balance, innere Ruhe und Gelassenheit oder eine hohe Qualität in der Partnerschaft mit Mensch und Tier. So kann das sich Einlassen auf die Tagesform des Pferdes, auf seine Wünsche, Bedürfnisse, seine aktuellen Neigungen, ebenso glücklich machen, wie ein in der Hand zu haltender, vorzeigbarer Pokal oder eine Schleife.

Um einen Pokal zu gewinnen, müssen wir unsere Zielstrebigkeit präsentieren können, uns dem Leistungsdruck stellen und so manches Mal über unseren Schatten springen. Wir müssen Ängste bewältigen und überwinden können. Wie es uns dabei geht, spielt so oft keine Rolle, denn wir bekommen den Pokal nur, wenn wir unsere Lektionen (mit oder ohne Pferd) ausgiebig geübt haben, und sie aus dem FF abspulen können, am besten noch jederzeit und an jedem Ort reproduzierbar. Um das Ziel zu erreichen, mussten wir uns vorbereiten und zeitliche Opfer bringen. Auf so manche Stimmung in uns selbst konnten wir währenddessen keine Rücksicht nehmen. Mit dem Ziel im Fokus ist es nicht nur leicht, sondern scheinbar auch selbstverständlich, sich selbst zu übergehen.

Bei den gefühlten Zielen geht es um etwas viel Tieferes, Innigeres und letztendlich Schwierigeres. Denn wir müssen uns selbst meistern, nicht eine Aufgabe oder eine sichtbare Lektion. Um ein Gefühlsziel zu erreichen, müssen wir einen Weg gehen, der von außen nur von wenigen gesehen und wahrgenommen wird. Daher bleiben Achtung, Anerkennung und Respekt erst einmal im Hintergrund oder bleiben ganz aus, sie sind viel weniger wichtig. Es geht nicht um Ruhm, es geht um uns selbst. Wir müssen uns selbst gegenüber echt und ehrlich werden, denn qualitativ hochwertige Gefühle, vor allem, wenn als Gegenüber ein Pferd steht, können nicht erpresst, „erleistet" oder erkauft werden. Um in eine gefühlsmäßige Harmonie zu kommen, in der sowohl wir als auch unser Pferd sich wahrhaftig gut und anerkannt fühlt, müssen wir ebenfalls Zeit investieren, ähnlich wie beim Training für etwas. Wir müssen eine emotionale Flexibilität an den Tag legen, um uns auf unser Gegenüber einzulassen und ihm zuzuhören. Dazu brauchen wir Empathie, die Fähigkeit, zu erspüren, in welcher inneren Situation sich unser Pferd gerade befindet, Mitgefühl. Wir müssen lernen, nicht nur unsere Wünsche zu verfolgen, sondern die Wünsche unseres Pferdes erspüren üben. Und noch schwieriger: dann beides miteinander in Einklang bringen. Doch so lange wir an unserem Plan festhalten, was wir heute mit unserem Pferd machen oder erreichen wollen, ist der Fokus auf das Ziel so raubtierisch stark, dass die innere Situation des Pferdes leicht auf der Strecke bleibt.

Manche Pferde lassen sich auf Pläne ein, haben zum Teil auch gar keine Wahl, so wie sie damals meine Stute Peggy hatte, die sich, wenn ich so fokussiert war, einfach so lange nicht einfangen ließ, bis ich es nicht mehr war. Viele Pferde nehmen uns Menschen aus Gewohnheit auch nur folgendermaßen wahr: „Der Mensch kommt, und dann muss ich leisten". Sie haben oft aufgegeben, ihren wahren Kern und ihre Befindlichkeit zu zeigen, weil sie lange weder gesehen noch gehört wurden, und sie haben begonnen, sich schnell und komplikationslos unterzuordnen und einzufügen in das, was der Mensch mit ihnen vorhat. Viele von ihnen haben gelernt, dass es sehr unangenehm mit dem Menschen werden kann, wenn sie sich ihm entgegenstellen. Denn dann zeigt er sein wahres Gesicht: das eines Raubtieres, das etwas unbedingt erreichen will, einfach, weil er es sich in den Kopf gesetzt hat und in der Lage ist, Macht auszuüben. Und wenn es nur die Unterordnung unter ihn in einer Art selbst ermächtigten Rang ist.

Da man heute weiß, dass Pferde in einem komplexen Gemeinschaftssystem miteinander vernetzt und in absolut ehrlicher Kommunikation miteinander leben, und sich dort ausschließlich herrschsüchtige und unsoziale Chefs auf Biegen und Brechen mit Druck durchsetzen, ist das innere Resümee, das das Pferd über uns und unsere Art und Weise zieht, ein eher schlechtes. Es macht mit, jedoch nicht, weil es unbedingt oder gerne möchte, sondern oft, weil es weiß, dass es das sowieso früher oder später muss und nicht wirklich eine Wahl hat. Es kann lediglich mit seinem Verhalten mitentscheiden, ob unter Druck und mit Stress, oder ohne. Es macht also mit, wenn wir so auftreten, aber nicht aus freien Stücken und sicher nicht immer aus Freude. Es ist, wie wir aufgrund seiner Ethologie bereits wissen, einfach klug genug, die richtige Entscheidung zu treffen. Denn Pferde sind auf allen Ebenen sehr stressempfindlich und viel zarter, als sie trotz ihrer vielen hundert Kilos aussehen.

Sie liefern sich dem Raubtier aus, schnell und schmerzlos. Das ist nur der Weg des geringsten Widerstandes und hat mit Partnerschaft und Freude nicht unbedingt etwas zu tun. Auch, wenn wir Menschen das gerne so interpretieren.

Andere Pferde haben gelernt, dass ihr Mensch sofort emotional weicher und durchlässiger wird, wenn sie einem erkennbaren Plan sofort zustimmen und mitmachen. Das ist im Grunde leider wieder nicht freiwillig, sondern klug und geschickt. Sie wissen, dass sie ihren Menschen harmonisch stimmen, wenn sie sich einlassen und fügen. Im Laufe der Arbeit harmonisiert sich der Mensch dann immer mehr und wird zufriedener und milder, denn sein Plan erfüllt sich nach und nach, sein starker Wille findet Balance und es wird zusehends ruhiger in ihm. Und wenn er dann harmonisch genug ist, dass das Raubtier aus ihm weicht und er sich wieder wie ein Partner benimmt, dann schwingen sie sich auf ihren Menschen ein, vielleicht hier oder da auch tatsächlich gerne. Und am Ende macht es doch beiden Freude, das zu tun, was sie gerade tun. Doch der Preis ist hoch, denn immerhin wird zu Anfang das Pferd in seinem Befinden komplett übergangen und das merkt es sich für das nächste Mal. Vertrauen entsteht so nicht, sondern Vorsicht. Sollten Sie eine Lektion außerhalb der inneren Balance abschließen, zeigt sich das als Resultat gleich zu Beginn der nächsten Begegnung. Manche Pferde sind dann beim nächsten Mal zurückhaltend, weil sie mit ihrem Menschen wieder durch dieses emotionale Nadelöhr schlüpfen müssen, in dem es ihnen eigentlich als Fluchttier zu eng ist, oder es sich nach Überwindung der Strapazen benutzt oder übergangen fühlte. Sie stehen dann mit dem Hinterteil zur Boxentür positioniert, lassen sich nicht einfangen, aufhalftern, satteln oder verladen. Damit zeigen sie, dass sie sich an das letzte Mal erinnern. Und auf diese Art möchten sie nicht schon wieder ihre Zeit verbringen. Als Herdentiere sind sie immer am inneren Prozess der Gruppe ausgerichtet, selten auf von Menschen angestrebte äußere Ziele. Wenn es innen stimmt, egal ob in der Pferdeherde oder in der Zweierherde Mensch/Pferd, lassen sie sich infolgedessen gerne auf Vorschläge und Kreativität ein, doch niemals anders herum. In der Partnerschaft und im Hier und Jetzt, das heißt für Pferde, sich in dem Moment sicher und behütet zu fühlen, steckt die Basis, die gelegt werden muss. Erst dann kann echtes Vertrauen entstehen. Es gibt Pferde, die auf die Kompetenzen und die Reife eines Menschen und sein Benehmen mehr Wert legen, andere weniger. Je näher ein Pferd an seiner Natur ist, desto natürlicher reagiert es. Je weiter Pferde durch Zucht und Auslese, oder durch Prägung, Erziehung, Programmierung, Konditionierung und Sanktionen von dieser natürlichen Eigenschaft weggezüchtet, gehemmt und abgebracht wurden, desto unnatürlicher machen sie im Grunde mit. Doch der Unterschied eines fein konditionierten Pferdes gegenüber einem, das gerne und freiwillig folgt, ist mit bloßem Auge schwer, in Wahrheit eigentlich kaum zu erkennen. Pferde sind Perfektionisten in dieser Tarnung. Dies geschieht nur, damit die Harmonie für das Herdentier überwiegt und es sich in Sicherheit wiegen kann. Eigentlich ist es sehr bedauerlich und traurig, dass das Täuschungsmanöver hier und da aus der Sicht des Pferdes überhaupt noch nötig zu sein scheint. Sichtbare Ziele werden so zwar erreicht, eine wahrhaftige Qualität oder eine bodenständige Beziehung aber nicht.

Doch trotz alledem bin ich überzeugt: In allen Pferden schlummert die lichtvolle, authentische eigene Natur, wenn sie auch bei einigen Pferden tief vergraben und in der Dunkelheit verborgen liegt. In dieser Natur sollten wir sie sanft abholen, und das geht ausschließlich, wenn wir unsere willensdurchtränkten Pläne hinten anstellen und uns zu allererst auf unser Gegenüber einlassen. Unser Einlassen spiegelt sich dann in ihnen wider und wir können wundervolle Zeit miteinander verbringen, in Gegenseitigkeit, aufeinander eingelassen. Dann werden wir eins miteinander. Wenn dieses sich Einlassen die Basis darstellt, dann ist es im Grunde ein Leichtes, diesen tragfähigen Boden herzustellen und darauf aufzubauen.

Dann können wir so leicht die ersehnten Pokale holen, wie auch immer die aussehen – partnerschaftlich und aus Freude. Dann werden Ziele nicht weiter aus Leistungsdruck oder unter Zwang verfolgt, um zu beweisen, dass Sie hartnäckig einen Plan verfolgen können. Dann geht es endlich um die Partnerschaft und das Miteinander, nicht mehr so sehr um das Ego. Doch dieser Weg braucht eine klare Ausrichtung, eine emotionale Kontinuität und manchmal deutlich mehr Zeit, als der „harte Weg“.

Tipps für die Umsetzung:

Nehmen Sie sich einen Zettel und einen Stift zur Hand und notieren Sie sich in Ihrer allerschönsten Schrift Ihre persönlichen Antworten: Untersuchen Sie sich auf Ihre Beweggründe und alten Muster aus der Vergangenheit:

Was verfolgen Sie für einen inneren Plan, wenn Sie an die bisherige Arbeit mit Ihrem Pferd denken?

» Was soll es Ihnen bringen, mit Ihrem Pferd diese inhaltlichen Ziele zu verfolgen?

» Was soll das Ganze? Welches Ideal verfolgen Sie dabei und woher kommen diese Ziele?

» Wie soll das Erreichen dieses Zieles am Ende aussehen?

» Entspricht das der Natur Ihres Pferdes?

» Entspricht das Ihrer Natur?

» Wer hat Sie gelehrt, so zu denken und zu handeln? War das Ihr eigener Wille oder entspricht es dem Willen einer Person aus der Vergangenheit, wie Eltern, Reitlehrer, Fernsehen oder einem Idol? Ist das Ihr eigener Weg?

» Welche allgemeinen Ziele und Pläne hatten Sie, als Sie ein Kind waren?

» Wann, wo und für wen mussten Sie in Ihrem Leben bisher leisten und erfolgreich sein?

» Hat das Verfolgen und das Erreichen Ihrer Ziele Sie in Ihrem Leben wahrhaftig genährt und glücklicher gemacht?

- Erkennen Sie einen Unterschied zwischen erfolgreich sein und glücklich sein?
- Fühlten Sie sich beim Erreichen Ihres Zieles eher erschöpft und satt oder eher reich und genährt?
- Wann haben Sie damit angefangen, zu planen, ein Pferd haben zu wollen?
- Wie kam es dazu und was hatten Sie dabei für einen Plan?
- Wonach haben Sie sich gesehnt?
- Ist das heute immer noch so?

Sind Sie bei der Beantwortung dieser Fragen sich selbst gegenüber wahrhaftig und voll und ganz ehrlich zu sich?

Überprüfen Sie Ihre Antworten nun noch einmal darauf, ob es wirklich stimmt und Ihrer inneren Wahrheit entspricht, was Sie geantwortet haben. Ist das Ihre eigene, ganz ehrliche Wahrheit, die aus Ihrer Realität entspringt? Fühlen Sie sich auf den Zahn, auch wenn es an dem einen oder anderen Punkt eventuell weh tut und schmerzt. Selbstehrlichkeit tut anfangs immer weh. Wenn nötig, korrigieren Sie jetzt Ihre Antworten, so dass tatsächlich eine absolute eigene Wahrheit in dem zu lesen ist, was Sie geschrieben haben und decken Sie eventuelle Realitätsverschiebungen, Verleumdungen und Fremdeinflüsse auf. Sie müssen jetzt, hier und heute niemandem gefallen, sich rechtfertigen oder eine Form oder Rolle wahren. Es geht nur um Sie selbst, von sich zu sich. Niemandem müssen Sie Ihre Notizen zeigen. Wirklich niemandem. Sie befinden sich selbst gegenüber in einem energetischen, geschützten Raum, der sich Privatsphäre nennt.

Wenn Sie damit fertig sind, lesen Sie in aller Ruhe noch einmal Ihre Antworten durch und spüren dabei in Ihren Körper. Sind Sie dabei eher ruhig und gelassen, weil die Antworten aus einer realistischen Selbsteinschätzung stammen, oder rührt sich etwas in Ihnen? Sind Sie irritiert, nervös, unzufrieden, traurig, sauer oder gar wütend, wenn Sie sich die Themen Leistung, Druck und Zwang bewusst machen? Wenn ja, dann lassen Sie diesem Gefühl zwanzig Minuten Zeit, um in Ihnen zu agieren. Was es auch ist, es entspricht Ihrer augenblicklichen Wahrheit und ist es daher wert, etwas Raum und Zeit zu bekommen, um in Ihrem Körper und in Ihrem Bewusstsein verarbeitet zu werden. Alle Gefühle, die dabei auftauchen, dürfen hochkommen, damit Sie danach in Frieden gehen können. Wenn Sie das geschafft haben, (Sie können Ihre Antworten auch in den nächsten Tagen, Wochen, Monaten überarbeiten), dann sind Sie einen großen Schritt weiter und können jetzt einen Neustart wagen.

Nun widmen Sie sich in aller Ruhe Ihrer Gegenwart.

» Was möchten Sie aus dieser geklärten Perspektive heraus für sich und für Ihr Pferd erreichen?

» Sind es äußere, für alle sichtbare Ziele, oder sind es innere Ziele, die nur für Sie und Ihr Pferd eine Rolle spielen?

» Passt das Ziel Ihrer Wahl tatsächlich zu Ihnen? Und passt das Ziel tatsächlich zu Ihrem Pferd?

» Was daran könnte für Sie oder Ihr Pferd schwierig zu erreichen sein und wieso?

» Wie wollen Sie sich fühlen, beim Anstreben Ihrer Ziele? Wollen Sie sich und Ihr Pferd herausfordern, fördern, an Grenzen bringen, Grenzen überschreiten? Oder suchen Sie nach einem inneren Ziel, das Sie möglichst beide nährt und in eine ruhige Gelassenheit bringt? Wie definieren Sie das ganz persönlich?

» Welches Gefühl streben Sie an, wenn Sie das Ziel erreicht haben?

» Und was kommt danach?

» Kommt Ihr angestrebtes Ziel aus dem Verstand oder aus dem Bauch heraus?

» Wollen Sie damit noch immer jemandem etwas beweisen?

Nun schreiben Sie in einer etwas größeren Schrift auf diesen Zettel, was Sie aktuell für einen Plan für sich und Ihr Pferd haben. Seien Sie ganz ehrlich, auch wenn Sie schon wittern, dass das Ziel sich eventuell in den nächsten Wochen mit wachsender Auseinandersetzung mit den Themen Leistung und vorgefasste Pläne verändern könnte. Seien Sie offen für sich und Ihre Entwicklung. Leben bedeutet Veränderung. Genau daran, dass sich Ihre Inhalte wandeln, sehen Sie, dass Sie wahrhaftig ins Jetzt kommen und sowohl auf sich und Ihre Tagesform, wie auch auf die Stimmung und die Möglichkeiten Ihres Pferdes Rücksicht nehmen und sich ein erweitertes Verständnis für beide Seiten etabliert. Sie leben!

Pläne und Ziele dürfen sich JEDERZEIT verändern. Sowie Sie sich selbst alle nur erdenklichen Möglichkeiten der Entfaltung einräumen, beginnt Ihr Unterbewusstsein für Sie zu arbeiten und hilft Ihnen, Ihrem inneren Plan zu folgen. Dies zu erreichen bedeutet, sich vom Leben leiten zu lassen, ohne zu starr an einem alten, verstandesmäßigen und auf dem Ego aufbauenden Beschluss hängen zu bleiben.

Schreiben Sie sich auf, was genau Sie von Ihrem Pferd und was genau Sie von sich erwarten, wenn Sie zu Ihrem Pferd gehen.

- Was genau möchten Sie erreichen, sowohl innerlich, als auch von außen sichtbar?
- Wie könnte es gehen, beides miteinander so zu verweben, dass es für Sie und Ihr Pferd inmitten ihrer beider Natur Sinn macht, was Sie anstreben?
- Wie wollen Sie sich dem Pferd gegenüber verhalten?
- Was genau möchten Sie mit Ihrem Pferd möglichst erreichen?
- Wie sieht das tägliche Tun miteinander konkret aus? Was wäre Ihre absolute Idealvorstellung?

Schreiben Sie sich die Idealvorstellung in einer noch größeren Schrift auf den Zettel, möglichst in einer anderen Farbe.

Auch diesen Teil können Sie ein paar Tage aufeinander folgend bearbeiten und ergänzen. Dann nehmen Sie sich eine möglichst schöne Schatulle, legen diesen Zettel hinein, und stellen sie weg. Und im Idealfall

VERGESSEN SIE WAS SIE AUFGESCHRIEBEN HABEN!

Am besten, Sie vergessen vorerst die ganze Schatulle.

In Ihrem Unterbewusstsein ist zunächst alles getan, um sich Ihrem eigenen Weg entsprechend, Ihrer Pläne und Ziele bewusst zu werden und es arbeitet von nun an allein weiter. Sie müssen nichts weiter dafür tun, außer Ihre oben stehenden Hausaufgaben ordentlich gemacht zu haben. Wenn Sie das getan haben, haben Sie alles in die Wege geleitet, um Ihre Pläne loszulassen. Sie müssen nicht weiter an Ihnen festhalten.

Die Überwindung des Egos

Das Ego ist ein lateinischer Begriff, der mit ICH übersetzt wird. In der Psychologie bedeutet das Ego das Selbst. Das Selbst, das wir uns aufgebaut haben, um in der Welt zurecht zu kommen. Dieses ICH hat im Laufe seines Lebens Strategien gelernt, die uns unterbewusst lenken, führen und leiten. Sie helfen uns, Probleme zu lösen, oder, noch geschickter, ihnen im Vorfeld zu begegnen und sie zu entkräften. Das Ego fühlt sich an allererster Stelle verantwortlich für unser

Funktionieren, genauer gesagt für unser Überleben, wie auch immer dies für Sie persönlich definiert ist. Ursprünglich schützt es uns auf diese Art und Weise. Doch mit den falschen, immer wiederkehrenden

Strategien kann es uns und vor allem unsere Wünsche ebenso sabotieren. Denn leider beinhalten diese Strategien an sich keine große Gefühlsqualität und nehmen daher in der praktischen Umsetzung auf Gefühle auch keine Rücksicht. Diese Strategien haben sich nur etabliert, weil wir in vergangener Zeit einen Weg als eine Problemlösung ausprobiert haben, der auf eine gewisse Weise funktionierte und zum Überleben beitrug. Und so wurde diese Strategie aufgenommen in unseren mehr oder weniger großen Pool der Möglichkeiten von Erfolg, Aktion und Verteidigung.

Leider sind es genau diese Strategien, die uns ebenso begrenzen können und unter Umständen dafür sorgen, dass wir keine neuen Möglichkeiten, Wege und Strategien ausprobieren können. Das Ego schützt Sie, indem es Grenzen aufstellt und sofort und unmittelbar mit Verteidigungsstrategien agiert, sowie es auch nur eine wiederkehrende Situation, in der das Verhalten einst Sinn gemacht hat, wittert. Ob es Ihnen und Ihrer Seele damit gut geht, oder nicht, ist dem Ego egal. Es ist wie ein Schutzschild, das wir vor unsere Seele halten, um unseren empfindsamen Kern und unser inneres, gefühlvolles Wesen zu schützen. Und genau deshalb ist es für die Partnerschaft mit Ihrem Pferd enorm bereichernd, wenn Sie sich die Zeit nehmen, sich um Ihr Ego zu kümmern. Sich darum zu kümmern bedeutet, sich selbst zu beobachten, und sich seiner eingefleischten Strategien zunächst ohne Beurteilung oder Wertung bewusst zu werden. Alle Strategien waren und sind absolut wertvoll, zumindest für den Moment, in dem sie funktionierten und uns geholfen haben, unsere Situation zu meistern. Wer Glück hat, und sich schon früh sehr frei entfalten konnte, der hat mehrere verschiedene Strategien, die auf unterschiedliche Situationen angepasst sind und auf die er zurückgreifen kann. Das Problem, zu dem wir nun kommen, ist, dass wir all zu oft das Ego mit unserem Wesen verwechseln. Bei diesen beiden Aspekten handelt es sich um zwei gänzlich unterschiedliche Anteile von uns, und es ist nötig, sich beider Seiten bewusst zu werden, wenn wir die wahre Partnerschaft mit unserem Pferd anstreben. Wir sind nicht unsere Persönlichkeit, wir *haben* eine.

Pferde sind intuitive Lebewesen und handeln, sofern sie ihrer Natur nah sind, aus dem Bauch heraus. Das Pferd macht viel weniger mit dem Verstand als wir. Es geht fressen, weil der Verdauungstrakt, der über Millionen von Jahren auf karges Steppengras ausgelegt wurde und es nötig macht, viel und ausdauernd zu fressen.

Dieser Prozess ist bei Pferden auf Langzeitfutteraufnahme ausgelegt und zeigt sich als physisches Bedürfnis, als Notwendigkeit. Ausgiebiges Zupfen, langes Kauen, Schlucken und Zeit für die Verdauung zu haben sind wesentlich wichtig für ein Pferd. Darüber braucht (und kann es, so wie wir es tun) nicht nachdenken.

Futteraufnahme ist ein sozialer Akt, der miteinander, langsam und vor allem ohne Stress und Hektik verläuft. Je nach Witterung geht ein Pferd zwei bis drei Mal am Tag zur Wasserstelle, um zu trinken. Auch darüber denkt es nicht nach. Es spürt einfach, wenn es so weit ist und passt sich der gesamten Herde und ihrem Gruppengefühl an. Deshalb, und auch, weil es am Wasser einen Moment angreifbar sein könnte, gehen Pferde gerne gemeinsam trinken. Das ist ihre Natur. Nähert sich ein ruhiges, entspanntes Raubtier, wird ein Pferd aufmerksam und wach. Und wenn dieses Raubtier sich mit der Zeit in seiner Körpersprache verändert, sich nach einem geruhsamen Schläfchen in der Nähe reckt und streckt, dadurch auch seine Krallen vorwarnend zeigt, und mit zielstrebigem Blick die schwächste Position in der Herde auszumachen versucht und sich zum Jagen bereit macht, dann erst flüchten Pferde ihrer Natur gemäß. Das Pferd reagiert damit auf den gesteigerten Willen des Raubtieres.

Der Wille, der in jeder Körperzelle des Angreifers zu lesen ist, macht Sorge und Angst, erhöht die Aufmerksamkeit, schüttet Hormone zur Flucht aus, die nur biochemisch umgesetzt und somit körperlich abgearbeitet werden, wenn die Flucht, also das Rennen, tatsächlich stattfindet. Übermäßige Hormonausschüttungen, daraufhin nicht flüchten oder im Notfall kämpfen zu können, überschwemmen den Körper, belasten die inneren Organe, erhöhen den Blutdruck und machen erst seelisch, dann organisch krank, wenn das Pferd diese Hormone nicht in Bewegung umsetzen und dadurch schon bald wieder abbauen kann. Auch das braucht es weder zu planen, zu bedenken oder zu reflektieren. Ein Pferd ist, was es ist. Und es tut, was nötig ist, um sich sicher zu fühlen, am liebsten in der Gruppe anderer.

Obwohl wir Menschen Pferde halten und wir uns gut um ihre Versorgung kümmern und freundlich zu ihnen sind, bleiben wir Raubtiere. Wenn wir entspannt zu unseren Pferden kommen, dann ist ihnen das recht oder zumindest beunruhigt sie das (ohne schlimme Vorerfahrung) nicht. Doch wenn wir unserer Natur gemäß mit einer angespannten Körperhaltung kommen, die dem Instinkt des Pferdes sagt, dass dieses Raubtier nun umgeschaltet hat, und etwas unbedingt *will*, dann kommen unsere Pferde in einen Konflikt. Die innere Stimme ihres Instinktes rät ihnen zur Obacht. Sie sollten lieber zurückhaltend und vorsichtig sein und sich uns lieber vorsichtig nähern – oder bei Gelegenheit flüchten. Doch unsere Pferde haben längst gelernt, dass sie meist von einem viel zu begrenzenden Zaun umgeben sind, der keine Flucht zulässt. Diese Pferde fallen dann in eins der anderen Muster: Kampf oder das Erstarren zur Salzsäule. Die Art Kampf sieht bei emotional intelligenten Pferden dann aus wie eine vielleicht sogar lustige Herausforderung zum Spielen. Leider ist dies oft nur eine gute Tarnung, um nicht wie ein gefangenes Opfer auszusehen, das sich ergeben sollte… Die Hormone müssen abgearbeitet werden und das geht nur durch körperliche Aktion. Dadurch befreien sie sich von Anspannung und Stress.

Meine Stute Peggy hat in der Geschichte in der Einleitung alles getan, was ihr möglich war, um ihre Beine zu bewegen, ihre ausgeschütteten Hormone abzuarbeiten und mich mit ihrer körperlichen Überlegenheit ins Aus laufen zu lassen. So lange, bis ich aufgegeben habe, sie einfangen zu wollen. Erst dann, als ich meinen Plan und meinen Willen losließ und sie nicht mehr einfangen wollte, kam sie gerne zu und mit mir. Ich hatte den Raubtiermodus erfolglos ausprobiert und habe losgelassen, sie einfangen zu wollen. Dann kam sie. Dieser Vorgang war überaus natürlich.

Mein treuer Begleiter Llano dagegen hatte schon früh in seinem ersten Zuhause gelernt, dass es nicht erstrebenswert oder nachhaltig sinnvoll war, sich auf die Menschen einzulassen. Flüchten konnte er nicht, so mutierte er, wie es einem jungen, zu der Zeit noch Hengst gebührte, zum Angreifer. An dieser Strategie hielt er fest. Er hatte sie erfolgreich praktiziert und sein Verhalten hatte sich durch die vielen Erfolge stark gefestigt. Ihn davon zu überzeugen, dass ich meine Raubtierallüren abgelegt hatte, war eine schwierige Aufgabe, die wir dennoch nach viel innerer und äußerer Arbeit erfolgreich gemeistert haben. Erst als er anhand unzähliger Beweise meinerseits verstand, dass ich zwar Raubtier sein könne, es aber nicht praktiziere, ließ er sich auf mich ein. Zuvor ließ er mich ihn zwar versorgen, aber an gemeinsames Tun oder an wahrhaftiges Vertrauen war gar nicht zu denken. Und als er sich dann nach einer Weile trotzdem vorsichtig auf mich einließ, glich er dennoch einer im Inneren unruhig tickenden Zeitbombe. Machte ich nur einen einzigen Fehler und wollte nur etwas zu viel, hatte ich etwas zu viel Spannung oder einen zu fokussierten Blick, las er es sofort in meiner Körpersprache und zog als Quittung unmittelbar und sofort all seine Zugeständnisse zurück und reagierte mit entschlossener, verteidigender Aggression.

Jede Zelle in mir musste umlernen. Die alte Strategie, meine Ziele mit Macht und Ehrgeiz wenn nötig unter Einsatz all meiner Körperkraft durchzusetzen, entlarvte er im Nu. Er bewog mich nicht nur zum Umdenken, nein, ich musste mir meine bisherigen Strategien bewusst machen und sie selbst immer schneller erkennen, wenn sie sich einzumischen versuchten. In dem Moment, in dem sie in meinem Verhalten auftauchten, hatte ich erbarmungslos selbstehrlich mit mir und meiner erfolgreich gelernten Art und Weise vorzugehen, abzurechnen. Die einzige Chance für mich und Llano, der mich nun seit über achtzehn Jahren treu begleitet und lehrt, war, Strategien aufzudecken und durch neue, kreativere und noch partnerschaftlichere zu ersetzen. In dieser Zeit der Wandlung fühlte ich mich manchmal orientierungslos und ohnmächtig. Mein ICH starb an manchen Tagen, denn ich identifizierte mich zu der Zeit noch sehr mit meinen Strategien. Ich dachte, sie wären ich. Ich fühlte mich ohnmächtig im wahrsten Sinne des Wortes: Ich hatte keine Macht. Und schon gar nicht über ein Pferd wie Llano, mit einem solch immens geschulten und wachen Instinkt. Er war es, der mir mein Ego zeigte und mich den Unterschied lehrte zwischen dem, was ich will, und dem, was ich bin. Er schulte mich, von meinem Ehrgeiz loszulassen und mit meinem, mit Zielen verbundenen Perfektionismus abzurechnen. Diese Strategien waren wertlos, wenn ich ein Pferd wie Llano zum Freund gewinnen wollte. So lange ich diesen gelernten Aspekten, von denen ich dachte, sie machen meine Persönlichkeit aus, Vorrang leistete, vertraute er mir stets nur halb. Er schenkte mir nur einen Teil seines Vertrauens, machte nur wenig freudig, also das Nötigste, mit, checkte permanent die Umgebung nach einer Fluchtmöglichkeit oder selbstabsichernd nach einer lauernden Gefahr ab und entschied stets für sich selbst. Nie ließ er sich ganz auf mich ein. Dem, was ich mit einem eigenen jungen Pferd, und vor allem *für* ein junges Pferd wie ihm wollte, kam das überhaupt nicht nahe. Es war unmöglich, in seinem Verhalten einen Fehler zu finden, den man hätte „korrigieren" können. Ich selbst war der Schlüssel. Llano zeigte mir im Laufe der Zeit den Unterschied zwischen meiner Persönlichkeit, dem Verhalten, mit dem ich bisher gut durchs Leben kam, und meiner wahren Identität. In der Tiefe meines Wesens hatte ich den echten Wunsch, dass ich die Partnerschaft mit ihm anstrebte, so wie einst über viele Jahre mit Peggy. Doch so lange meine vorgeschalteten Strategien vorherrschten, die nach näherer Betrachtung gar nicht so empathisch und partnerschaftlich waren, und ich dominant und energisch meinen Willen durchsetzen wollte, gelang mir nicht ein einziger nächster Schritt mit Llano auf dem Weg zur wahren Partnerschaft. Erst, als ich diese Strategien meines starken Willens durch Offenheit und Selbstehrlichkeit ersetzte, und ihm nun ausschließlich friedlich meine Absicht offenbarte, begann er, mich eindeutig lesen zu können und sich mir gegenüber immer weiter zu öffnen. Im Nachhinein würde ich sagen, es war, als ob er stets zwei Personen in mir las: die eine, die voller Strategien und Muster erfolgreich ehrgeizig ihre Ziele durchzusetzen und zu erreichen gewohnt war, und die andere, die dahinter stand, mit ihren ursprünglichen Bedürfnissen, Wünschen, Neigungen und vor allem Grenzen. Die eine, die voller Kraft, Macht und Durchsetzungskraft nur so strotzte, und die andere, die fein, verletzlich und voller nicht überwundener Trauer und Einsamkeit, schüchtern und zart, isoliert dahinter stand und sich hinter dieser starken Persönlichkeit versteckte. Erst als ich meine vom Ego strukturierte Persönlichkeit zu überwinden begann und ihm mit immer weniger Scham meine wahre Identität zeigen mochte, belohnte Llano mich mit Nähe, Vertrauen, Achtsamkeit und mit mich demütig stimmender Fürsorge und Freundschaft.

Tipps für die Umsetzung:

Nehmen Sie sich erneut einen Zettel und einen Stift zur Hand und notieren Sie sich in Ihrer allerschönsten Schrift Ihre persönlichen Antworten:

Machen Sie sich unabhängig von der Beziehung zu Pferden zehn (!) Stichpunkte, wann Sie in Ihrem Leben von den Strategien, die Sie gelernt haben, besonders abhängig waren und sie angewendet haben. Wieso war es an diesen Punkten so wichtig für Sie, auf diese oder jene Art und Weise zu handeln. Standen Sie unter Druck oder Zwang von innen oder außen? Wie genau sah das aus? Wie haben Sie auf schwierige Lebenssituationen reagiert oder gehandelt? Was wollten Sie damit erreichen?

» Lässt sich innerhalb dieser zehn Reaktionen auf das Leben ein Muster erkennen oder eine Reaktionsvorliebe?

» Wollten Sie so handeln oder hatten Sie in dem Moment keine andere Wahl?

» Sind Sie eher hart oder weich in Ihren Reaktionen?

» Entsprechen die Reaktionen Ihrem Bild von sich selbst? Entspricht dieses Selbst dem, wie Sie in Ihrem Inneren fühlen? Oder zeigt es das perfekt gelernte Bild einer Person, wie Sie laut Eltern, Lehren, Erziehern, Religion, Gesellschaft oder anderen auf Sie einflussreichen Persönlichkeiten sein *sollten*? Macht(e) *man* das so?

- Was davon wollten Sie selber? Stehen Sie dazu?
- Wo sahen Sie sich in der Not, dass es gar keine Möglichkeit einer anderen Handlung zuließ?
- Was sind Ihre unerfüllten Bedürfnisse?
- Wie glauben Sie, diese *weich* erreichen zu können, ohne dafür kämpfen zu müssen?

Nun nehmen Sie sich eine prägnante Situation aus Punkt eins dieser Aufzeichnungen vor und gehen in sich.

- Hätte es Alternativen des Handelns gegeben?
- Wäre es möglich gewesen, anders zu reagieren?
- Wie würden Sie diese Situation heute meistern?
- Wie die übrigen?

Wenn in jenem Moment eine gute Fee zu Ihnen gekommen wäre, welche Hilfe hätten Sie sich von Ihr erwünscht? Für welche Eigenschaft, die tief in Ihrem Inneren schlummert, hätten Sie sich einen Turbo für Ihre Entwicklung gewünscht, so dass Sie diese Eigenschaft zum Lösen der Situation hätten nutzen können?

Stellen Sie sich die gesamte von Ihnen ausgewählte Situation noch einmal im gesamten Kontext vor, und zwar dieses Mal mit der Tuning-Version Ihrer selbst. Mit Hilfe der guten Fee dürfen Sie einfach, unmittelbar, jetzt, hier und heute bestimmen, dass diese Eigenschaft von nun an hervorragend ausgeprägt ist und Sie im Umgang mit Ihrem Pferd Möglichkeiten und Situationen geschenkt bekommen, diese zu üben. Lassen Sie die Strategien, die Sie am meisten von der neuen Art und Weise abhält, einfach in den Hintergrund rutschen, mit der Aufschrift

„gerade jetzt nicht mehr notwendig“ und lassen Sie sich auf neue, kreative Möglichkeiten ein.

Stellen Sie sich eine Situation mit Ihrem Pferd vor, in der Ihre neu eroberte Eigenschaft nützlich sein könnte. Lassen Sie die Situation wie einen Film vor dem inneren Auge ablaufen und entscheiden sich bewusst für sich selbst in der neuen, selbstbestimmten Art und Weise.

» Wie würde ihr Pferd darauf reagieren?

» Was würde es tun, wenn Sie so sind?

» Wie würde es auf Sie reagieren?

» Was wäre die Folge davon?

Notieren Sie sich in großer Schrift Ihren Wunsch, wie die neue Eigenschaft, diese neue, positive, Ihnen im Kern entsprechende Möglichkeit zu reagieren, heißt.

Notieren Sie, wie es sich anfühlen könnte, wenn die Situation mit der neuen Art und Weise erfolgreich verläuft.

» Was ist Ihre Absicht?

» Welches Gefühl würden Sie sich als Resultat einer erfolgreich gemeisterten Situation wünschen?

Legen Sie auch diese Notizen zu den anderen. Und bestenfalls, vergessen Sie sie, damit Ihr Unterbewusstsein wieder die Chance bekommt, für Sie zu agieren. Danken Sie im Geiste Ihrem Pferd, dass es die Vorstellung mitgemacht hat und begegnen Sie beim nächsten Mal Ihrem Pferd frei von Erwartungen. Und wenn Sie können, dann lassen Sie den Willen Ihres zielstrebigen Egos zu Hause!

Der Irrtum von Macht und Kontrolle als Führungskompetenz

Oft werde ich im Coaching gefragt, wie der Mensch sich bessere Führungsqualitäten aneignen kann.

Es hat sich längst herumgesprochen, dass Führungsqualitäten der Schlüssel zum Vertrauen des Pferdes seien. Das stimmt, und ich würde das bestätigen. Doch das Wort Führungsqualität ist gesellschaftlich mit vielen falschen Vorstellungen, Irrtümern und stillen Idealen

besetzt. In vielen Köpfen ist Führung nur ein weiteres Synonym für Macht oder für Kontrolle, die man in einer bestimmten Position durchzusetzen in der Lage ist. Und oft gibt das Gefühl, Macht zu haben und sie erfolgreich sichtbar zu machen, uns Menschen ein Gefühl von Überlegenheit, Stolz und Stärke. Und genau das ist der Punkt, an dem wir für ein Pferd wieder durch und durch raubtierisch erscheinen. Wir sind bestrebt unseren Willen durchzusetzen und uns Aufmerksamkeit zu verschaffen, wo wir sie vielleicht ohne Machtdemonstration nicht bekämen. Doch bei den Wenigsten von uns ist dieses machtvolle Erzwingen dessen, was wir uns wünschen, im Einklang mit uns selbst. Oft entspricht es nicht einmal unseren Bedürfnissen und Sehnsüchten, wir setzen nur um, was wir gelernt haben, um gut durchzukommen.

Intuitiv wissen wir längst, dass Revolution und durchsetzungsstarker Aufstand eine Machtdemonstration ist. Die Evolution arbeitet jedoch mit Anpassungsfähigkeit, nicht mit Kampf und Kontrolle. Die flexiblen, kreativen Lebewesen haben ethologisch gesehen erfolgreich und nachhaltig die letzten Jahrtausende überstanden, nicht die körperlich Stärksten. Die Stärksten überstanden zwar einzelne Situationen eindrucksvoll mit ihrer Macht, Kraft und Stärke, jedoch nicht die Jahrtausende, dafür ist der permanente Aufwand von Kraft viel zu anstrengend und letztendlich auszehrend.

Wahre Führungsqualitäten erreichen wir meiner Erfahrung nach ausschließlich durch Bewusstheit und Selbstdisziplin. Zuerst scheint es so, als müssten wir einen Teil von uns aufgeben, wenn wir bereit sind, auf Macht und Kontrolle zu verzichten. Doch in Wirklichkeit ist die bewusste Selbstdisziplin der Schlüssel dazu, sich selbst achtsam zu beobachten, alte Strategien zu entlarven, sie uns bewusst zu machen und abzugewöhnen, um mit ihnen genau das zu unterlassen, was uns begrenzt und schmälert. So lange ein Mensch an Kontrolle oder Macht festhält, gibt es für ihn scheinbar keine schnelleren, besseren oder effektiveren Möglichkeiten, sein Ziel umzusetzen und Erfolg zu verspüren. Erfolg durch Macht zu erlangen konditioniert uns allerdings, dass wir diese Strategie immer und immer wieder und immer schneller einsetzen und nutzen, um durch diesen schnellen, direkten Erfolg jedes Mal ein kleines bisschen hormonell high zu sein und uns selbst stark und in gewisser Form „besonders" zu fühlen. Dieses Besondere ist es dann auch, was uns von anderen trennt, distanziert und uns isoliert und einsam fühlen lässt. Wenn Gruppenlebewesen zu machtdemonstrierenden Einzelgängern werden, bedeutet das evolutionär früher oder später den Tod.

Um zu überleben, waren Kraft und Macht in der Evolution der Menschheit ganz sicher eine sicherheitsverschaffende und Materie anreichernde Strategie. Doch wenn wir ganz selbstehrlich sind: Wir sind längst in Sicherheit. Und so viel Materielles braucht niemand von uns. Weder bedroht uns ein Bär, noch stecken wir in einer Hungersnot. So dürfen wir endlich aufhören, unser Gegenüber machtvoll zu kontrollieren und kontrollieren lieber unsere gelernten Muster und Strategien. Wir lassen sie ein Teil von uns sein, von dem wir wissen, dass dieser Teil funktionieren wird, *falls* wir einmal in Not sind. Und dann lösen wir uns aus dieser beengenden Spirale. Das, was dabei entsteht, ist eine innere Öffnung für neue Möglichkeiten, für die wir durchaus an Kreativität und Flexibilität zulegen müssen. Das erscheint erst einmal unbequem, denn wir müssen uns offen in die Situationen wagen, in denen wir von nun an anders zu unserem Ziel kommen müssen, als wir es vielleicht gewohnt sind. Wir müssen uns unser Phlegma vorknöpfen, das uns vorgaukelt, mit ein bisschen Einsatz von Macht und Kontrolle ganz einfach, leicht und schnell zum Ziel zu kommen, so wie früher. Und die meisten von uns spüren innerhalb dieser Offenheit ihre Verletzlichkeit und möchten das Gefühl gerne vermeiden.

Vielleicht fühlen wir uns zuerst ohnmächtig und wissen gar nicht, wie wir unserem Pferd verdeutlichen sollen, dass wir stark und kompetent genug sind, um auf es aufzupassen und es in unserer Welt zu schützen. Wer sich im Umgang mit dem Pferd erst einmal unfähig fühlt, und sich das eingestehen kann, hat bereits einen ganz besonderen und sehr wesentlichen Schritt getan. Denn die Ohnmacht ist nur überwindbar, indem wir bereit sind, die Macht loszulassen, um von nun an auf sie zu verzichten. Es ist eine Art, sich für Frieden zu entscheiden, als kriegerisch seinen Willen durchzusetzen.

In der Pferdearbeit bedeutet das Loslassen: loslassen von Kontrolle, von Führungsanspruch, von Körperkraft, von unangemessen überhöhtem Willen und ehrgeizigem Streben, von der Gier nach Erhabenheit und Stolz, und loslassen von dem Wunsch, besonders zu erscheinen oder jemandem aufzufallen. Diese Aspekte werden durch Erdung, selbstkontrollierende Atmung, innere Ruhe, Gelassenheit, Nachsichtigkeit und herzzentrierte Nachsicht und Milde sich selbst gegenüber ersetzt. Diese Seite wird uns aber erst bewusst, wenn wir zugeben können, dass wir nicht perfekt und nicht so stark sind, wie wir es vielleicht gerne hätten, wären oder von uns gedacht haben und wie es bisher erwartet wurde.

Erst, wenn wir beide Seiten dieser Medaille beleben, bekommt unsere Seele den Raum, den sie zur Entfaltung braucht. Und dieses wiederum spiegelt sich sofort und unmittelbar im Verhalten unseres Pferdes wieder.

Wer mit Kraft und Macht handelt, handelt mit Hilfe von energieverstärkenden Hormonen wie Testosteron und Adrenalin. Also im Grunde gestresst. In der Not. Das Pferd liest diesen Stress sofort in dem Moment des Aufkommens und spürt, dass sich hinter dem Machtgehabe eine Angst versteckt, die uns tief in unserem Inneren in Stress und Aufruhr versetzt. Vielleicht ist es die Angst, zu versagen, die Angst, dass über uns geredet oder gelacht wird, oder die Angst, nicht gut genug zu sein. Wir fürchten uns davor, dass jemand behauptet, wir sollten unsere Sache doch lieber sein lassen oder wir haben Angst, dass jemand durch unsere Fassade der scheinbar gestählten Persönlichkeit schaut und plötzlich unsere sanfte und leicht verletzliche Seele sieht.

Und einige von uns haben Angst, dass sie mehr Kraft und Energie aufwenden müssen um ihr Ziel zu erreichen, als sie es bisher gewohnt waren. Sie haben schlicht Angst, ihre bequeme, gewohnte Komfortzone zu verlassen und sich von nun an anderer Energien bedienen zu müssen, die uns Menschen zumindest meist anfangs deutlich schwerer fallen: die Akzeptanz des Gegenübers, echte Begegnung auf Augenhöhe, druck-freie Kommunikation, Freiwilligkeit und Vergebung denen gegenüber, die auf „weichem“ Weg einfach nicht „spuren“ wollen. Es ist eine große Kunst, es jenen nicht übel zu nehmen und sie genauso zu lieben und zu akzeptieren, wie jene, die ohne Widerstand nachgeben, worum wir bitten oder was wir uns von ihnen wünschen. Echte Freiwilligkeit macht erst einmal unglaublich viel Arbeit: an sich selbst.

Als mich vor vielen Jahren einmal ein starker, impulsiver und von Menschen gedemütigter, also hochgradig traumatisierter Quarterwallach an meine Grenzen brachte, weil all meine bisherigen Methoden nicht fruchteten, habe ich mir Hilfe gesucht. Ich war der Meinung, dass die *richtig guten* Horsemanshiptrainer, vor allem, wenn sie weltweit bekannt wären, sicher den wegweisenden Rat für mich hätten und mir im Nu mit diesem Pferd helfen könnten. So machten wir uns auf den Weg und besuchten erst den einen, und später den anderen, um jeweils an einem mehrtägigen Coaching teilzunehmen.

Der erste begutachtete mein Pferd am Abend der Ankunft einen Augenblick auf dem Paddock, um mir zu sagen, er könne *uns* zwar nicht helfen, weil ich nicht in der Lage sein würde, *diesem* Pferd *das* zu geben, wonach es so dringlich fragen würde und was es bräuchte. Doch ich könne es für einen Monat bei ihm lassen und dann würde das Pferd schon wieder „rund laufen". Als ich ihn fragte, *wie* genau, also konkret, er sich das vorstelle und welchen methodischen Weg er für dieses Pferd sähe, lächelte er nur süffisant und sagte erhaben: „Willst Du nicht wissen", verschränkte die Arme hoch vor der Brust, streckte sich in die Höhe, kippte mit seinem Becken nach vorn, und dehnte sich mit einer machtvollen Aura so über uns aus, dass mir eiskalt und schwindelig wurde. Mir war zwar immer noch nicht genau klar, was er mit meinem konkret Pferd anstellen wollen würde, doch mir war eindeutig klar, *wie* er es vorhatte, denn aus jeder seiner Zellen strömte plötzlich der Geruch von Adrenalin, nur bei der Vorstellung, mit diesem Pferd in den Ring zu steigen. Jede der Beteiligten konnte den starr werdenden Blick des Trainers erkennen, die erhöhte Körperspannung, den schneller werdenden Puls, und roch dasselbe, wie ich. Die Stimmung im ganzen Raum wurde hart und kühl, ein schwere Wolke aus einem Gemisch von Macht und Stolz, gepaart mit triumphierender Überheblichkeit schwängerte im Raum. Ich beobachtete die Resonanz der anderen Kursteilnehmer auf diese Energien. Sie waren ansteckend. Wer sich unreflektiert und ohne Abgrenzung auf die Frequenz des Trainers einließ, wurde gemeinsam mit ihm emotional härter, aufgeregter und verlor an vorhanden geglaubten Boden. Der Größenwahn zog ein wie ein Virus, eine mächtige Aufregung, oder eher gesagt Erregung, stieg unangenehm an.

Ich vertraute meinem Gefühl, dass dies ganz sicher nicht der richtige Ort sei, an dem ich mein Pferd allein lassen werde. Ich hatte kein

Vertrauen mehr, dass wir hier wertvolle Hilfe in der angemessenen Qualität fänden. Ich suchte Hilfe im wahrsten Sinne des Wortes. Ich brauchte für dieses Pferd eine Lösung, von *Lösen*, nicht eine weitere Demütigung, nur, damit dieses Pferd endlich *funktionieren* würde. Ich verlud ihn am nächsten Tag und wir fuhren desillusioniert nach Hause.

Zu Hause aus dem Anhänger geladen machte mir der kraftvolle Wallach sein erstes Geschenk. Er fühlte, dass ich aus seiner Perspektive die stärkere Person war, denn ich konnte weich und bestimmt „nein“ sagen. Auf diese Art und Weise für ihn und mich zu sorgen und uns ohne Auseinandersetzung und Kampf zu schützen, honorierte er mit gesteigertem Vertrauen. Dafür musste ich gar nicht viel tun. Einfach den Weg des geringsten Widerstandes gehen und nach dem Gefühl handeln, das mir und meinem Herzen den Weg zeigte. Unsere Gesamtsituation verbesserte sich dadurch etwas. Doch richtig weiter kamen wir nicht.

So ging ich meine Probleme mit ihm, Jack, an und wir fuhren wenige Wochen später zu dem zweiten Trainer. Selbst die Lösung zu finden erschien mir zu dem Zeitpunkt noch unmöglich (auch das war ein blödes und hinderliches eigenes, inneres Programm!). Ich hatte alles ausprobiert, was ich bis dato wusste und gelernt hatte. Damit kamen wir Monate lang nicht weiter. Das Offensichtliche konnte ich zu der Zeit noch nicht sehen. Die Lösung stand längst klar im Raum, doch ich wollte sie nicht wahrhaben.

Heute würde ich mich fragen, warum wir denn unbedingt weiter kommen mussten? Das Pferd hatte sehr schmerzlich in der Vergangenheit seine Erfahrungen mit Menschen gemacht und daraufhin seine Entscheidung getroffen. Zu der Zeit kam ich nur noch nicht darauf, das mir im Kopf herum spukende Unterfangen einfach loszulassen und ausschließlich Dinge mit Jack zu tun, die er mochte – und wenn das ein Leben auf einer Auswilderungsweide gewesen wäre, hätte dies die gleiche Gültigkeit haben können, vielleicht müssen, wie ein nützliches Reitpferd oder gar Therapiepferd zu werden. Letztendlich sagte mein Bestreben zu der Zeit viel mehr über mich aus, als über ihn.

Wieder war es ein Coaching-Kurs, den ich mit Jack besuchte. Das bedeutet, der Trainer fungiert als unterstützender Berater, erklärt Methoden und Prinzipien und unterrichtet danach praktisch einige Übungen am Pferd, bei dem er beobachtet und später Feedback und Hilfestellungen gibt. Dies sollte kleinschrittig und am Pferd orientiert sein, wobei jeder Teilnehmer jeden einzelnen Schritt selber mit seinem Pferd geht, um während des Tuns praktisch zu lernen und eigene Erfahrungen zu machen. Im Grunde war dies ein gutes Konzept, wenn diese Art Trainer es verstehen, die Pferde und Menschen neben den geplanten Aufgaben individuell zu betrachten, sie wahrhaftig in ihrem Wesen zu erkennen und eventuell Aufgabenstellungen auf einzelne Persönlichkeiten abzustimmen in der Lage sind.

Mein Herr Quarter und ich machten einige kleine Fortschritte in der allgemeinen Bodenarbeit, doch es war kein Vergleich zu den anderen Teilnehmern mit ihren traumafreien Pferden. Sie alle hatten Pferde, die behütet aufgewachsen waren und bisher nichts ersichtlich Schlimmes erlebt hatten. Alle Pferde vor Ort schienen ein gutes Urvertrauen zu haben und frei von schockierenden oder traumatischen Erlebnissen zu sein. Man musste keine Rücksicht darauf nehmen, dass durch eine Bewegung, eine Handlung, einen Reiz eventuell beim Pferd etwas getriggert und tief in sich angestoßen werden würde, womit die Pferde vergangene Situationen verknüpfen und in eine starke Flucht-, Starre- oder Abwehrreaktion verfallen würden. Sie alle schienen emotional frei zu sein – oder waren in der Vergangenheit eindrücklich in diese emotionale Frequenz gebracht, trainiert, gedrillt, konditioniert, geprägt, geklickert oder anders programmiert worden, um zumindest so auszusehen. Das ist nicht schwer bei Pferden und die Resultate aus verschiedenen Methoden sind, ohne sich mit dem Pferd intensiv zu beschäftigen, später kaum mehr zu sehen.

Bei meinem Wallach war das anders als bei den anderen, den emotional gesunden oder vielleicht auch mit Dominanz „praktischen", gehemmten Pferden vor Ort. Welches in welcher Situation steckte, vermag ich nicht zu beurteilen, denn ich war ganz und gar mit meiner Aufmerksamkeit bei Jack. Dieser war in vieler Hinsicht schon sehr lang emotional geladen und litt selbst sehr darunter. Er brauchte all seine Kraft und Anstrengung dafür, sich nicht wegen jeder Kleinigkeit getriggert zu fühlen und auf die Schlüsselreize einzusteigen. Das war eine enorme Leistung an Selbstbeherrschung, denn er wusste nicht wohin mit diesen alten, unterdrückten, energiereichen Überlebens-Ladungen.

Am Morgen um zehn Uhr ging der Kurs los. Wir bekamen die Aufgabe, die Pferde an Strick und Halfter „warm zu spielen", damit sie sich für den Prozess des Trainings öffneten und aufmerksam waren. Ich stieß mit Jack an das erste echte Problem.

„Spielen". Mit einem Menschen. Angstfrei. Das gab es für ihn schon seit langem nicht mehr. Nach dem, was er in den ersten sieben Jahren erlebt hatte, schien es für ihn unvorstellbar, sich auf Spielen einzulassen. Womöglich noch so, dass der Mensch ausgelassen lachte und dabei seine Zähne zeigte. Doch um dem Kursleiter gerecht zu werden und nicht gleich zu Beginn als Sonderling dazustehen, wollte ich es versuchen. Ich hob das vor Jack liegende Ende des Führseils achtsam vom Boden auf. Ich hatte es aus der Hand gelegt und losgelassen, weil er dadurch immer mehr Ruhe fand, als würde ich es halten. Ich schloss meine Hand daher achtsam nur halb um das Seil, um ihn nicht durch striktes Festhalten mit meiner Autorität zu beunruhigen. Gleichzeitig nahm ich einen Stick für die Durchführung der ersten Übung vom Boden auf und hielt ihn in der anderen Hand. Ein Stick, ein ganz normales Hilfsmittel, das in den Augen eines Pferdes auch niemals etwas anderes sein sollte, als nur das helfende Hilfsmittel. Es war dienlich, als Hilfe, um Richtungen zu weisen und anzuzeigen, um Körperzonen anzusprechen, um meinem Arm zu verlängern und dessen Körpersprache zu unterstreichen, um mehr Eindeutigkeit in meiner aufrecht stehenden Körperstruktur zu gewinnen, und um mehr Raum einnehmen zu können – so wie ein Pferd es auch konnte. Doch in Jacks Augen sah ich sofort beim Aufnehmen des Sticks blankes Entsetzen. Er bekam Panik, begann hektisch zu atmen, begann unruhig von rechts nach links zu tänzeln, schwitzte spontan heftig und wusste gar nicht, wohin mit sich. Es war, als wollte er im Boden versinken oder besser: einfach nur weg! Ich musste meine Hand am Führseil kurz etwas schließen, mit dem Versuch, ihm den Impuls eines Halts geben zu können. Darin sah ich in dem Moment meine einzige Chance. Halt geben. Erdung, Ruhe spenden. Sich nicht von ihm und seiner Aufregung anstecken lassen. Doch das feste Halten des Seils versetzte ihn noch mehr in Panik. Er nahm seine Kraft und seinen gesamten Mut zusammen und rannte so schnell er konnte eng an mir vorbei, weg, den langen, steilen Abhang hinunter in freies, uneingezäuntes Gelände und blieb circa einen Kilometer entfernt, mit sicherem Abstand am Waldrand, verunsichert stehen.

Den Stick hatte ich sofort zur Seite geschmissen, doch die Reaktion kam zu spät, der verängstigte Pferdemann war nicht mehr in der Lage, umzudenken und flexibel zu handeln. Alles ging blitzschnell.

Ich hatte nicht die geringste Chance, ihn zu halten. Leider waren alle Übungen in diesem Kurs auf dieses Hilfsmittel ausgelegt und der so berühmte Trainer sah sich überhaupt nicht in der Lage, uns andere, helfende Methoden, angepasst auf unsere Situation, anzubieten oder aktuell maßzuschneidern. Schlimmer noch: Ich hatte das Gefühl, alle Beteiligten inklusive Zuschauer hatten den Eindruck, dass ich diejenige gewesen sein musste, die dieses Pferd in dieses Trauma gebracht hatte. Das war mir im Grunde verstandesmäßig egal, was diese anderen über mich dachten. Sie spielten allesamt keine Rolle in meinem Leben. Doch ihre strafenden Blicke und ihre Haltung mir gegenüber sprachen verachtungsvolle Bände. Und das war emotional schwer auszuhalten. Sie projizierten das, was sie glaubten, was diesem Pferd einst geschehen war, auf mich und fixierten mich in einer von ihnen geglaubten Rolle. Damit machten sie mich emotional zu einem Täter, der ich niemals war. Ich sah mit an, wie sie unreflektiert nur sich selbst glaubten, das, was sie da auf mich projizierten, ohne mir eine Chance zu lassen, die ganze Geschichte zu erläutern. Es hätte nur einer Rechtfertigung geglichen, wie einer Ausrede, und so verzichtete ich auf den Versuch. Würde es hier vor Ort jemanden geben, der Interesse daran hätte, mich, und vor allem mein Pferd zu verstehen, könnte diese Person sich uns zeigen. Auch wollte ich nicht mehr Kurszeit mit der Aufmerksamkeit auf diese fehlerhafte Stellvertreter-Projektion verschwenden, denn gefühlt war es ein gewaltiger Übergriff auf mich, dem ich kaum standhalten konnte. Alle Betrachter der Situation ordneten mich sozusagen in der Gruppe ein und unter, wie ein Pferd in ihrem sogenannten Training. Von sich und ihrer Sichtweise überzeugt, weit entfernt von Nächstenliebe, Verständnis und Achtsamkeit. Es gab keinen Raum für die Offenbarung der Wahrheit. Das war Gewalt in höchster Perfektion. An diesem Tag begriff ich, wie sich so manches Pferd fühlen muss, wenn wir es ohne Rücksicht auf seine Verfassung und Biografie autoritär und übergriffig einfach in die Rolle stecken, in der wir es haben wollen, nur weil es unserer Fantasie und unserem Denken entspricht und unser Horizont nicht weiter reicht.

Da diese Situation für mich schwer auszuhalten war, beugte ich mich nach langem auf mich Einreden mehr dem für mich entstandenen emotionalen Druck, als den folgenden Vorschlag als Hilfestellung annehmen zu können. Ich ließ mein laut Trainer „unbrauchbares“ Pferd diese vier Tage auf dem Paddock stehen, um zumindest selbst am Kurs teilnehmen zu können und dann vielleicht später zu Hause kleinschrittig die Übungen mit Jack nachzuarbeiten, ganz behutsam, langsam, und individuell auf ihn zugeschnitten.

Die Trainer gab mir eine 23jährige, ausgemergelte Painthorse-Stute an die Hand und meinte, diese hätte so viel Erfahrung, dass auch ich es schaffen könnte, die Übungen erfolgreich umzusetzen. Das war im Grunde die dritte Enttäuschung, vielleicht sogar Kränkung. Erst wurde mir weder mit meinem in der Not stehenden Wallach mit seinen Altlasten geholfen (ich hatte mich klar dafür angemeldet und bereits bei der Anmeldung gefragt, ob es möglich sei, für dieses Pferd bei diesem Kurs Unterstützung zu finden), dann projizierte man mich übergriffig und überheblich in die Rolle einer gewaltvollen Täterin, und nun traute man mir nicht einmal mehr etwas zu und bekleidete mich mit einer Pferdepartnerin, die emotional schon längst tot war. Erst sehr viel später wurde mir bewusst, wie sehr ich die Systeme jedes einzelnen betroffenen Menschen vor Ort zu überfordern schien und mit meiner Präsenz zusammen mit der Thematik von Jack und seiner Vergangenheit an allen Grenzen aneckte. Niemand war bereit, sich diese eigenen Grenzen, die aufgrund der heftigen Reaktion in jedem einzelnen als Resonanz sichtbar wurden, bei sich selbst anzuschauen, zumindest in dem Moment noch nicht. Sie alle waren es, die zu der Zeit noch Dominanz mit Macht, Kraft und Stärke verwechselten und ihre Pferde raubtierartig in die Unterordnung drängten. Sie alle waren zieldurchsetzend um jeden Preis, wenn auch inmitten eines guten, sympathieerzeugenden Systems getarnt, so dass es zumindest für Laien einigermaßen freiwillig aussah, wenn die Pferde den Menschen und ihrer Aufgabenstellung bereitwillig folgten.

Um aus dem Kurs dennoch alles Wissenswertes mitzunehmen, was ich dort erwerben konnte (und wofür ich überaus teuer bezahlt hatte), ließ ich mich etwas widerwillig ein und nahm mit der Stute, die ohne jede Leidenschaft alle Übungen aus dem FF abzuspulen gewohnt war, weiter an den Kurseinheiten teil. Ich selbst kannte die Übungen zum größten Teil schon.

Nach den Einheiten setzte ich mich zu meinem Quartermann auf den kleinen Sandpaddock. Diese Lösung schien zumindest ihm zu gefallen: ein Fressurlaub an der prall gefüllten Heuraufe im Einzelpaddock mit andauerndem Nachschub. Um seine Nerven zu beruhigen, versorgte ich ihn satt mit Heu. So konnte er die ganze Zeit kauen, fressen, sich beschäftigen, verdauen, um so auch die Ereignisse des ersten Tages einigermaßen zu verdauen. Kauen für die Psyche.

Während ich bei ihm saß, schickte ich ihm gedanklich Bilder von der Zusammenarbeit mit der Stute, von der Lektion, die es zu verstehen galt, von dem Resultat, der entspannten Zusammenarbeit und der einkehrenden Ruhe und Harmonie. Währenddessen war er ganz andächtig, hörte auf zu fressen und schnaubte viel. Sein Schnauben klang entlastend und voller Überzeugung. Sicher. Die Spannung wich langsam aus all seinen Zellen und seine Muskeln lösten sich auch in der festgehaltenen Tiefe vorsichtig und langsam.

Jack entspannte sich immer sehr, wenn ich ihm ausschließlich auf dieser Ebene begegnete, ihm Bilder und Geschichten schickte, und die anderen Ebenen unberührt ließ. Er stand mir im wahrsten Sinne des Wortes sehr nahe und ich genoss es, seinen warmen Atem auf meiner Haut im Nacken zu spüren. Selten habe ich ihn zuvor so ruhig und in sich geborgen erlebt. Er schlief im Stehen neben mir ein und an seinem Nüstern-, Augen- und Ohrenspiel sah ich, dass er träumte. Das war gut. Träume helfen beim Verdauen des Erlebten, auch Pferden.

Am Abend des dritten Tages stand dann der Trainer herumdrucksend vor mir. Obwohl ich nie erfahren habe, ob sein scheinbar schlechtes Gewissen aus einer Bewusstwerdung stammte, daraus, wie sie mich alle miteinander kollektiv in diesen Tagen zuvor behandelt und gedemütigt hatten, oder er Ärger von der Kursverwaltung bekommen hatte, weil man so nicht mit seinen hilfesuchenden Kunden umginge, schien er irgendetwas wieder gutmachen zu wollen. Immerhin musste er sich doch nicht eine Sekunde des Kurses um meinen auf dem Paddock geparkten Jack kümmern, wegen dem ich schließlich da war. Mit mir hatte er auch keine Arbeit, da sowohl ich als auch die sich aufgegebene Stute die Aufgaben beide schon kannten und mit Leichtigkeit dem Kurs folgen konnten. So offerierte er mir, dass er ja einmal versuchen könne, mit Jack auf dem Platz zu arbeiten. Als er das sagte erschien dabei bodenständig, bewusst und ruhig. Es klang wie ein wirklich guter Vorschlag. Ich willigte etwas überrumpelt, aber überrascht und freudig ein und wir trafen uns wenig später mit Jack an Strick und Halfter auf dem Reitplatz. Den Sattel und seine Trense hatte ich zuvor auf dem Holzzaun geparkt. Ich zog mich höflich hinter den Zaun zurück, um beiden Platz und Raum zu geben. Naiv, wie ich zu der Zeit noch war, war ich überzeugt davon, dass, wenn es jemand schaffen würde, mit diesem Pferd dessen Begrenzungen und Blockaden zu sprengen, dann war es dieser besondere Trainer. Ich hatte die vielen Situationen noch nicht für mich auswerten können, denn es fehlte mir noch an Abstand zu allen Geschehnissen und Emotionen. Ich war selbst noch ganz darin verstrickt und war kurz glücklich, doch noch Hilfe angeboten zu bekommen. Ich legte all meine Hoffnung, mein Vertrauen und meinen Glauben in seine Erfahrung und seine Kompetenzen bei Übergabe des Pferdes in seine Hände. Beim Übergeben des Seils mit offenen Händen öffnete ich mein Herz, voller Hoffnung, dass nun etwas Gutes, vielleicht sogar Heilsames für Jack geschehen könne.

Ohne vorbereitende, einstimmende Bodenarbeit sattelte und zäumte er im Nu mein Pferd. Mit einem Satz saß er auf und Jack schien gar nicht zu wissen, wie ihm geschah. Sie ritten entspannt los. Ich staunte, dass es funktionierte. Ich war glücklich. Es schien alles mit der inneren Haltung der Person zu stehen und zu fallen, die mit ihm arbeitete und die eben *nicht* mit seinem alten Drama in Resonanz ging. Mehrere Kursteilnehmer fanden sich um den Reitplatz ein und alle staunten. Und je mehr Augen fixiert auf Jack gerichtet waren, je mehr stille, gedrückte Aufregung am Rande entstand, je mehr Erregung aufstieg, desto ungestümer und unruhiger wurde er. Er verspannte sich zusehends in nur wenigen Augenblicken. Aus untergeordneter Fügsamkeit wurde Verunsicherung und bodenlose Angst. Der Trainer wollte mit einem Trab die Spannung lösen, doch das Pferd war unter ihm wie erstarrt von den vielen Raubtierblicken, die sich starr auf ihn richteten und ihn fixiert hielten. Ich spürte, wie die Angst im Raum aufstieg. Panik. Und roch plötzlich überall Adrenalin. Und ehe ich handeln konnte, ging es los und der ehemalige amerikanische Rodeostar konnte sich nur schwer im Sattel dieses sich nun wehrenden und panisch um sein Leben buckelnden Pferdes halten. Von einer Assistentin ließ er sich auf sofortiges Zurufen vier (!) kurze Sticks während des wilden Rittes gekonnt zuwerfen, und begann, dem Pferd damit von oben ein schallendes Impulsgewitter zu geben, vorne links, vorne rechts, hinten links, hinten rechts und wieder von vorn… in Sekundenschnelle. Ich war wie gelähmt, als ich sah, was geschah. Zumal uns dieses Pferd vor Tagen schon allen gezeigt hatte, wie groß seine Angst vor nur einem einzigen Stick war. Jetzt ging alles so schnell. Nach kürzester Zeit gab das Pferd unter den Schlägen, wie ich die so genannten „Impulse" wahrnahm, auf und ließ sich im verkrampften Galopp ohne Buckler reiten. Doch der Blick des Wallachs sprach Bände. Verzweiflung. Ohnmacht. Demütigung. Selbstaufgabe. Gewalt. Ich stand auf. Mir war schwindelig. Ich wurde laut. Wie im Traum hörte ich mich „Stopp!" schreien und alle Teilnehmeraugen waren nun auf mich gerichtet. Vor Verzweiflung rannen mir die Tränen über die Wangen. Ich war steif, wie gelähmt. Ich stand unter Schock. Ich spürte, dass das nicht meine Tränen waren, die da flossen. Das waren stellvertretend die Tränen meines Pferdes. Ich konnte vor eigener Starre kaum laufen, alles tat weh, meine Wirbelsäule war eiskalt und stocksteif. Mir war übel. Ich fühle mich verantwortlich. Und ich war meiner Verantwortung Jack gegenüber nicht nachgekommen. Irgendwie habe ich es geschafft, dass das Spektakel rund um mein Pferd und die machtvolle Demonstration des nun mit Adrenalin überfluteten, triumphierenden und dem Publikum gefallen wollenden Trainers so schnell aufhörte, wie es begonnen hatte. Ich kletterte wie in Trance durch den Zaun, lief zu den beiden, fasste das Pferd mit offener Hand an den Zügeln, sagte dem Trainer mit bestimmtem, unmissverständlichen Ton, er möge *sofort* absteigen und brachte das Pferd so schnell und direkt wie möglich weg von hier. Die Zuschauer waren empört bis belustigt darüber, zumal ich mich in diesem Moment über den so erfahrenen, bekannten Trainer erhob, um mich für mein gekränktes und gedemütigtes Pferd einzusetzen. Das alles war mir gleichgültig. Daran, wie wir uns im

Menschen-Rudel gegenüber Schwächeren verhalten, sehen wir die wahren Persönlichkeiten einzelner Menschen. Ich war darüber höchstens erschrocken. So wenig Empathie, nur das Gelingen des Ziels im Fokus. Es mangelte an Einfühlungsvermögen, Verständnis, Mitgefühl und Liebe. Nichts dergleichen war wahrnehmbar. Es ging nur um den Erfolg für die eine Seite der Zügel...

Ich lief mit Jack eine Weile zu Fuß, um die Starre in unseren schockierten Körpern zu lösen. Ich musste viel weinen. Es tat mir so leid, dass es so weit kommen konnte. Ich war nicht schnell genug gewesen. Ich schämte mich. Und bis heute weiß ich nicht, welche Tränen die meinen waren, und welche ich anstelle des Pferdes weinte. Wir waren uns ganz nah, wie aus einem Guss. Dann ließ ich ihn den langen Spaziergang neben mir beenden, ohne ihn festzuhalten. Er wich mir kaum mehr von der Seite. Da verstand ich: Niemals dürften Macht und Kontrolle so stark werden, dass sich Mensch oder Tier so gedemütigt und verängstigt fühlen müssen. Niemals.

Ich nahm noch an der Abschlussbesprechung des Tages teil (wieso, weiß ich bis heute nicht), erntete Hohn und Verachtung von den lauten Teilnehmern – und Bewunderung und Verständnis von den ruhigen. Direkt danach fuhr ich mit meinem tapferen Pferd erschöpft nach Hause. Vom Trainer bekam ich noch den Rat, ich solle mir lieber einen alten Haflinger kaufen, der würde besser zu mir passen. Ich wäre seiner Meinung nach eh nicht in der Lage, mich so einem Pferd gegenüber durchzusetzen. Verhöhnend gab der Trainer mir noch mit auf den Weg, dass ich gut daran täte, wenn ich ihn nur aus der Entfernung mit guten Gedanken bedenken oder ihm abends Geschichten erzählen würde, denn zum Reiten oder zum Umgang mit Pferden würde ich nicht taugen. Denn schließlich würde ich nicht über genügend Umsetzungskraft verfügen, um einem Pferd sagen zu können, wo es lang geht. Mir würde es an Dominanz und Führungsqualitäten mangeln...

An diesem Abend wurde mir klar: Wenn das der Weg sein sollte, um von Pferden zu bekommen, was ich mir wünsche, dann würde ich mir nie wieder etwas von Pferden wünschen.

Und zu meinem damaligen Quarterhorsewallach: Ab dem Tag, an dem ich bereit war, den Unterschied zwischen Freiwilligkeit und erzwungener Aufmerksamkeit zu erkennen und meiner Erkenntnis gemäß konsequent zu handeln, konnte ich immer mehr meine eigenen Machtstrukturen erkennen, die mir geprägt wurden und anerzogen waren, und sie immer öfter sein lassen. Ich musste weder jemandem gefallen, noch war ich „klein“ oder „weniger“, wenn ich leise, zurückhaltend oder gefühlvoll und empathisch war. Danach vertraute er mir für seine Verhältnisse viel, jedoch nie so viel, dass er sich komplett entspannen und sich oder die Geschichten der Vergangenheit loslassen konnte. Unser Weg war übersät mit klitzekleinen Fortschritten, die alle in der Absicht initiiert wurden, seine körperliche und seelische Selbstregulierungskraft anzuregen und ihm zu helfen, sein Selbstvertrauen zurück zu erobern.

Als er nach wenigen Jahren einem Jungen begegnete, dem diese Machtgedanken als Kind noch fern waren, konnte er das Erlebnis des Loslassens genießen und wahre Freundschaft erleben. Als dieser Junge jedoch erwachsener wurde und immer mehr einem Mann glich, wurde der Wallach sehr krank und ist gegangen. Doch immerhin hat er es erleben dürfen: die Liebe eines Kindes fernab von Macht, Gewalt oder Kontrolle.

Tipps für die Umsetzung:

Machen Sie sich bitte folgende Zusammenhänge bewusst: Wer authentisch und nicht automatisch seiner gelernten Strategien gemäß leben und handeln möchte, muss sich befreien.

Die Befreiung aus alten Mustern ist es, was uns Freiheit verschafft. Die Tür muss sich erst öffnen, um den Raum oder den Weg dahinter sehen und betreten zu können. Macht und Kontrolle zu demonstrieren oder als Handlung in Erwägung zu ziehen, entspringt immer einer Angst. Es sind die Themen, die bei uns im Stammhirn, dem Reptiliengehirn in uns, verankert sind. Dies ist der älteste Teil des Gehirns und er diente ausschließlich dem Überwinden von lebensbedrohlichen Situationen. Flucht, Kampf, Todesstarre. Immer dann, wenn wir flüchten wollten, und nicht geflüchtet sind, wenn wir hätten kämpfen wollen, aber uns das Kämpfen untersagt wurde (klugerweise auch von uns selbst), immer, wenn wir uns starr und ohnmächtig fühlten, weil wir durch Bewegungslosigkeit einem gegenüber stehenden Raubtier keine Impulse geben wollen, uns zu jagen, ging und geht es einzig und allein um das Überleben. Der Körper ist hormonell und somit emotional in einem Ausnahmezustand. Weder wir, noch unsere Pferde sollten jemals in diesem Teil des Gehirns bewusst oder aus Nachlässigkeit getriggert werden. Keiner sollte den anderen in diesen Ausnahmezustand drängen, aus dem heraus er nur wegrennen, kämpfen oder zur Salzsäule erstarren muss. Kontrolle mit anschließender Machtausübung ist nichts anderes, als ein Lebewesen in diesem Teil des Gehirns direkt anzusprechen. Wenn das Lebewesen nicht blockiert ist, würde es auf diese drei verschiedenen Varianten handeln. In allen setzen der Verstand und die Empfindsamkeit des Körpers in diesem Zustand der

Stammhirnaktivität vollkommen aus. Man kann in diesem Zustand ausschließlich an sich selbst und an sein Überleben denken.

Diejenigen, die mit Macht oder Kontrolle wie automatisch reagieren, sollten sich ihre aktuelle Situation vor Augen führen und sich bewusst machen, dass es jetzt, hier und heute gar nicht um Leben und Tod geht. Wir brauchen also weder uns so zu verhalten, als wäre es eine Ausnahmesituation, in der wir ausschließlich durch Macht, Kraft und Stärke überleben, noch sollten wir ein anderes Lebewesen, und schon gar nicht ein Pferd, das als Fluchttier noch viel sensibler ist als wir, in diese Lage bringen. Es gab eine Zeit, da hat man Pferde in ihrem Willen gebrochen, um sie zu Reitpferden zu machen. Doch erstens ist diese Zeit längst vorbei und zweitens werden partnerschaftliche Aspekte im Zusammensein auf diesem Weg nie und nimmer zufriedenstellend erreicht.

Es gab auch eine Zeit, da präsentierten sich namhafte Pferdemenschen mit von mir und anderen so genannten „toten“ Pferden. Diese standen selbstaufgegeben im Starre-Modus ihres Stammhirnes ohne einen einzigen individuellen Gedanken denken zu können neben ihrem Guru und stellten damit die scheinbare Kompetenz jener absoluten Führungsmacht zur Schau. Diesen Pferden wurde die Seele aus dem Leib getrieben, den einen körperlich, den anderen psychisch. Wo das immer noch stattfindet, ist das der Beweis dafür, dass Menschen lieber ein totes Pferd ruhmvoll neben sich zeigen, als ein lebendiges. Mit einem eigenen Sinn, eigenen Bedürfnissen, eigenen Wünschen und Neigungen und einer vollständigen und beweglichen Seele können diese Pferde sich nicht mehr zeigen, sie wurden ins überlebende Funktionieren gedrängt und bleiben dort oft verhaftet. Der Grund dafür, ich habe es in diesem Kapitel erläutert, ist im Grunde die Angst. Unsere Angst. Angst zu versagen, Angst, dass sich so etwas wie ein Pferd gegen uns stellt, Angst, dass die Vorführung oder Lektion öffentlich misslingt, vielleicht Angst vor Gefühlen, Angst vor Lebendigkeit. Im Kern ist es die Angst vor dem Leben und die Ohnmacht, mit ebenbürtigen Partnern auf Augenhöhe umzugehen.

Deshalb, wenn Sie es nicht schon getan haben, machen Sie sich bitte bewusst: Die, die auf Macht und Kontrolle in der Pferdearbeit mehr und mehr zu verzichten bereit sind, dieses üben, und es früher oder später immer besser praktizieren können, sind die besseren Horsemanshipler – aus der Sicht der Pferde. Den Unterschied sehen wir in den Augen der Pferde. Wir müssen nur hinschauen und ehrlich zugeben, was wir dort zu Gesicht bekommen. Das wäre der Weg aus der Macht und Kontrolle als Führungsqualität und der Weg hin zum selbstehrlichen, offenen Herzen. Der Weg zur Menschlichkeit.

Nehmen Sie sich erneut einen Zettel und einen Stift zur Hand und notieren Sie sich in gewohnter, allerschönster Schrift Ihre persönlichen Antworten:

» Wie haben Sie gelernt, dass mit Pferden umgegangen werden sollte und umgegangen werden darf?

» Was haben Sie gespürt, als Sie das erste Mal Grenzen eines Pferdes überschritten haben?

» Wie war es, als Sie mal richtig „durchgegriffen“ haben, als ein Pferd nicht so wollte, wie Sie?

» Wie haben Sie sich danach gefühlt?

» Wo waren damals Ihre Grenzen?

» Wurden die Grenzen erreicht oder haben Sie sie überschritten?

- » Wie fühlte sich das in ihrem Körper an?
- » Wann waren Sie das erste und das letzte Mal im Umgang oder im Training mit Ihrem Pferd zu mächtig oder handelten unangemessen heftig?
- » Wie viel Zeit halten Sie das Führseil in der Hand beim Führen Ihres Pferdes leicht geöffnet?
- » Wie viel Platz geben Sie Ihrem Pferd beim Führen oder am Zügel?
- » Wie oft konzentrieren Sie sich beim Sitzen auf Ihrem Pferd auf Ihr Ausatmen?
- » Wann haben Sie das letzte Mal bewusst die Schultern sinken lassen, ausgeatmet und sind einen Schritt rückwärts gegangen, wenn Ihr Pferd Ihrer Anfrage gemäß geantwortet hat? Konnten Sie die Übung dann für diesen Tag sein lassen, oder wollten Sie, dass Ihr Pferd die Lektion wieder und wieder leistet, bis Sie zufrieden waren?
- » Wann haben Sie das letzte Mal auf Ihrem Pferd nur gesessen, ohne etwas von ihm zu wollen?
- » Wie oft machen Sie beim Reiten eine Pause oder geben die Zügel locker nach?
- » Stehen Anspannung vor einer Lektion mit der Entspannung nach einer gelungenen Lektion in Einklang, oder stellen Sie Ihr Pferd dann einfach nur weg oder geben ihm Futter, wenn sie fertig sind?
- » Wie ist das Verhältnis von Aktion zu Ruhe miteinander?
- » Halten Sie selbst aus, wenn Sie gerade nichts von Ihrem Pferd wollen? Wie lange?

» Können Sie das Pferd an Strick und Halfter halten, ganz ohne etwas zu wollen, und dabei den gesamten Körper entspannen und auch Ihren Geist ruhen lassen?

» Wie oft sind Sie bei Ihrem Pferd auf dem Paddock, ganz ohne etwas zu wollen?

» Ist es Ihnen recht, wenn Ihr Pferd beim Arbeiten, Training, im Umgang eigene Ideen und Bedürfnisse zeigt? Wie reagieren Sie darauf?

» Gestatten Sie Ihrem Pferd nach einigen Tagen Training die dementsprechende Regeneration?

Und nun schreiben Sie in großen Druckbuchstaben auf Ihren Zettel die Antwort auf:

Möglichst in Rot: Welches Verhalten wollen Sie ab HEUTE nie wieder an den Tag legen?

Möglichst in Grün: Durch welche Eigenschaft wollen Sie das ersetzen?

Wenn Sie diese Aufgaben tatsächlich gewissenhaft für sich bearbeiten, warten wunderbare innere Ziele und Werte auf Sie. Sie kommen in die Flexibilität und Wahlfreiheit, wann Sie wieviel und was von Ihrem Pferd und sich wollen, ohne einander in Stress zu versetzen. Stress ist ein wundervoller Helfer, um Stärke und Widerstandskraft zu entwickeln. Das nennt man positiven Stress. Entstressen ist der dazugehörige Helfer, den schädlichen Auswirkungen von Stress im Vorfeld zu begegnen.

Nach der inneren Arbeit brauchen Sie nicht mehr versuchen, irgendjemandem zu gefallen oder „richtig“ zu sein, da Sie sich Gedanken über

Ihre inneren Bedürfnisse und Ihre Absicht gemacht haben. Sie treten ein in ein neues Bewusstseinsfeld, das Ihnen auch in anderen Lebensbereichen dienlich sein wird.

Wahrscheinlich brauchen Sie sich dafür nicht einmal mehr anstrengen. Auch wenn es Sie manchmal herausfordert, bleiben Sie freundlich zu sich und Ihrem Pferd.

Das Experiment der Machtlosigkeit löst Sie aus Strukturen und Situationen, die der Vergangenheit angehören und deren Wunden ab jetzt heilen können. Da Sie nicht mehr gegen sich selbst und gegen Ihr Pferd handeln, werden Sie frei wie ein Kind. Das ist Freiheit!

Kontrolle ist nur eine Strategie. Sich davon zu lösen, bedeutet, eine ganzheitliche positive Führungsqualität zu entwickeln, aus der heraus Ihnen andere gerne und freiwillig folgen werden.

Das Aufdecken persönlichkeitsausmachender Muster

Wenn Sie bis hierher gekommen sind, möchte ich Sie ermuntern, direkt noch einen Schritt weiter zu gehen. Denn wenn wir etwas loslassen möchten, müssen wir uns erst einmal bewusst darüber werden, was oder woran wir festhalten. Und warum.

Wie ich schon beschrieben habe, ist unser Handeln abhängig von vielen Faktoren. Wir haben etwas ganz Persönliches mitgebracht in diese

Welt. Ich nenne es den Fingerabdruck unserer Seele. Wir haben uns bereits in der frühen Kindheit etwas von Menschen abgeschaut, die uns nah standen und von jenen, die uns Probleme bereitet oder uns

in Stress versetzt haben. Wir haben Strategien gelernt, um durchzukommen und uns zu behaupten. Oder wir haben Strategien angenommen, um nicht aufzufallen und unangenehmen Situationen schnell zu entkommen. Alle Wege sind ganz individuell und gleich gültig. Wir sind immens von Werbung und Medien beschallt worden und werden unterbewusst davon ständig beeinflusst und nachhaltig gesteuert. Wir haben Menschen kennengelernt, deren Verhalten uns sehr beeindruckt hat, und versuchen vielleicht, diese beeindruckende Art in unser Verhalten aufzunehmen, weil es uns gefällt, anderen auch so zu gefallen, wie jene es tun. Und wir haben Menschen kennengelernt, deren Verhalten uns nicht gefällt, und versuchen dieses uns vielleicht sehr negativ beeindruckende Verhalten zu vermeiden oder uns davon abzugrenzen. Negatives, funktionierendes Verhalten haben wir aber zum Teil auch kopiert und versuchen, es vielleicht sogar auch anzuwenden, um den erlebten Druck an andere weiterzugeben oder zu schnellen Erfolgserlebnissen auf der Basis von Macht zu gelangen. Je mehr uns ein Verhalten besonders als Kind bedrohlich erschien, desto schwieriger scheint es, sich dagegen zu wehren, es selbst anzuwenden, wenn man in die Gelegenheit kommt, diese Strategie zu benutzen. Immerhin wissen wir von diesem Verhalten hautnah, dass es eine starke Wirkung hatte und auch nachhaltig beeindruckend ist. Wir können uns eine Zeit dagegen wehren, doch es ist längst tief in uns verankert. Je mehr wir uns gegen seine Manifestation in uns wehren, desto fester greift der Anker und wir haben kaum eine Chance, es loszulassen, ohne vorher Frieden damit geschlossen zu haben.

Unsere Programme, erworbenen Strategien und Muster, beeinflussende Meinungen der breiten Bevölkerungsmasse oder unsere kulturellen Rituale, unsere Prägungen und Medieneinflüsse stehen also wie ein

Burgwall unserem Loslassen und dem Ankommen im inneren Frieden im Weg.

Denn wer sind wir denn noch, wenn wir all das, von dem wir gelernt haben, dass es uns ausmacht, weglassen? Ist das nicht Selbstaufgabe? Oder Selbstaufopferung? Ist das nicht das große Versagen, vor dem wir zudem immer schon kollektiv gewarnt wurden? Eine unentwickelte Persönlichkeit ohne eigenen Standpunkt und eigene Meinung? Wer ist man dann noch?

Und dann kommt gleich darauf der nächste Aspekt. Denn all das, was ich in meinem Gegenüber, dem Pferd, sehe, ist auch gefärbt durch diese prägenden Aspekte, die meine Sicht auf die Welt darstellen. Unbewusst und unreflektiert ist es also kaum möglich, so etwas Wunderbares wie ein Pferd ganz objektiv und frei zu betrachten. So objektiv wir auch sein wollen, wir sind und bleiben subjektiv aufgrund unserer ganz eigenen Biografie. Das einzige, was wir schaffen können, um eine Änderung in uns zu erlangen, ist die bewusste Auseinandersetzung mit uns selbst und das eigenverantwortliche Entscheiden, welchen der uns in unserer Biografie angebotenen Wege wir selbst nutzen und anwenden wollen, und gegenüber welchen wir uns distanzieren wollen. Und vor allem brauchen wir ein sehr hohes Maß an Verständnis: für uns selbst.

Ich habe einmal in einer Arbeitsgruppe mit fast zwanzig Personen ein und dasselbe Pferd betrachten lassen. Sie alle sollten sich notieren, welchen Eindruck der Araberwallach, ein zu der Zeit achtjähriger, sehr schlanker Schimmel, auf sie machte. Es war die erste Aufgabe des ersten Tages. Das war wichtig. Denn ein paar Stunden später hätten sich die Teilnehmerinnen immer mehr aufeinander eingeschwungen und eine Gruppe mit einer gemeinsamen Gruppenenergie gebildet.

Dadurch wären auch die Emotionen, Empfindungen und schließlich alle Wertungen Stunde um Stunde einheitlicher geworden und die Gruppe hätte sich an dem emotional beeindruckendsten Mitglied der Gruppe immer mehr orientiert. Wer das in der Gruppe geworden wäre, entscheidet immer die Chemie der Gruppe. Dieser Prozess läuft vollkommen unterbewusst ab.

So, zu Beginn des Tages, war jede Teilnehmerin noch ganz sie selbst. Die Gruppenhierarchie unter den Menschen hatte sich noch nicht bilden können, und alle Teilnehmerinnen konnten ohne Hemmungen ihre eigenen Antworten auf meine Fragen in sich selbst suchen und finden.

Ich wollte wissen, wie das Pferd auf die Teilnehmerinnen wirkte. Ich wollte erfahren, was jede einzelne glaubte, welche Emotion beim Pferd vorherrschend war, wie es ihm aktuell in seiner Gesamtverfassung geht und ob es wohl noch Probleme aus der Vergangenheit mit sich trägt. Zudem sollte jede einschätzen, welchen Rang das Pferd in der Herde besetzte und für welche Aufgaben es sich eventuell in Zukunft besonders eignen könnte.

Die angehenden Pferdetherapeuten, die zu der Zeit im ersten Teil der achtteiligen Kursreihe waren, (das bedeutete, dass sie sich eventuell noch nicht so intensiv mit ihrer Selbstreflexion beschäftigt hatten), antworteten genau so, wie es zu diesem Zeitpunkt zu erwarten war.

Die erfolgreiche Managerin sah einen strahlenden Wallach im Jetzt, jedoch mit starker Demütigung in der Fohlenzeit, die ihn so kräftig und selbstbewusst hätte werden lassen, wie er jetzt dastand. Er sei eine Führernatur, ehrgeizig, klar und konsequent. Dabei könne er manchmal etwas zu hart gegenüber den anderen Pferden erscheinen, ohne es zu wollen, denn die Härte lebte er auch gegenüber sich selbst aus und würde es gar nicht anders kennen.

Eine eher unscheinbare Teilnehmerin sah einen schüchternen Wallach, der eher im unteren Mittelfeld der Herde anzusiedeln war, und der sich vorsichtshalber nur wenig zutraue und niemals seine Komfortzone verließ. Ihm wäre es in der Aufzucht sehr gut gegangen und er wäre stets liebevoll, aber für ihn unmerklich gefördert worden, weil es seinem eigenen Stil und Tempo scheinbar vollkommen entsprochen hätte. Seine Vorzüge lägen in der Kommunikation, die eher subtil und still verliefe, ohne großen Machtanspruch. Zudem wäre er überaus sensibel und demzufolge auch ausgeprägt empathisch.

Eine kürzlich geschiedene Frau Ende der Vierziger sah ein Pferd im Wandel. Er hätte in der Vergangenheit allerhand Positionen auszufüllen versucht, was ihn aber niemals richtig erfüllte. Er wäre im Selbstvertrauen verunsichert, nachdem er in diese starke Herde gekommen sei, und suche noch nach seiner Position. Für ihn wäre ein Neustart und eine einfühlsame neue Halterbeziehung wichtig, um sich zu finden und endlich an Boden zu gewinnen.

Dies sind nur drei der fast zwanzig Beispiele. Es gab kein einheitliches Ergebnis und Sie sehen anhand dieser drei Beispiele: Jede Teilnehmerin sah sich selbst und ihre eigenen, aktuellen, mit emotionaler Ladung gefüllten Anteile und Lebenssituation sich im Pferd widerspiegeln.

Unabhängig davon welche dieser Frauen dieses wundervolle Pferd adoptiert und zu sich genommen hätte, sie alle hätten dieses Pferd ohne es zu ahnen in ein Bewusstseinsfeld der eigenen Erfahrungen gestellt, in dem das Pferd sich diesem Einfluss gemäß dann auch entwickelt hätte.

Denn genau das sind Pferde. Sie werden zu dem, was wir in ihnen sehen. Das ist Projektion. Wir projizieren das eigene Erlebnisfeld unbewusst in einen Raum, konfrontieren das feinfühlige Pferd damit, und als feinfühliges Flucht- und Herdentier wird es sich sofort auf diesen starken Einfluss einlassen und versuchen, einen Weg zu finden, bestmöglich damit umzugehen. Da eine Flucht ausgeschlossen ist (das wäre der natürlichste Weg mit emotionalen Ladungen umzugehen), wäre es der leichteste Weg sich sicher zu fühlen, dem projizierten Anspruch zu entsprechen, die vorgefertigte Rolle direkt anzunehmen. Es würde automatisch die ihm energetisch vorgeschlagene Position besetzen und das Pferd würde versuchen, diesen emotionalen Mangel in der Gruppe durch Ausfüllen der projizierten Rolle bestmöglich zu füllen. Es würde sich einfach einfügen. Nur, um dabei zu sein und Frieden zu finden.

Sich einzufügen und Mängel zu decken ist ganz natürlich für ein Pferd. Das ist eine Fähigkeit, die im Pferd über fünfundfünfzig Millionen Jahre genetisch gespeichert ist und von jedem Pferd instinktiv wahrgenommen wird. Es reagiert auf die Erwartungen seines Umfeldes.

Deshalb hatten alle Teilnehmerinnen des Kurses bei der Einschätzung des Pferdes auf gewisse Weise recht, denn das Pferd ist das, was wir aus ihm machen, so lange es nicht in seiner Persönlichkeit sicher und gefestigt ist. Dieser Wallach war in sich noch unsicher und auf der Suche nach dem für ihn richtigen Platz im Leben. So konnte er alles sein. Er würde sich fügen in das Bild, dessen Rahmen ihm gegeben werden würde. So gut und so lange er es könnte.

Doch das war und ist nicht der Kern und das Wesen dieses Pferdes! Das ist nur seine energetische Reaktion auf uns und auf das, was wir unbewusst mitbringen und auf es projizieren. Ohne, dass wir es bewusst wollen, manipulieren wir durch unser ungeklärtes So-Sein unsere Umgebung, so auch dieses in seinen Tiefen verunsicherte Pferd. Ohne, dass wir darüber bewusst Bescheid wissen, erwarten wir etwas.

Mit unserer Sicht auf die Welt, die durch unsere eigenen Erfahrungen etwas ganz Persönliches ist und in jeder unserer Zellen steckt, manipulieren, ändern wir das Pferd – und täuschen damit vor allem uns selbst. In den seltensten Fällen entspricht diese unbewusst erwünschte Rolle tatsächlich dem Wesen des Pferdes. Manche Pferdehalter haben Glück, und das Pferd entspricht dieser angebotenen Rolle vollkommen. Das würde bedeuten, dass sich beide hervorragend nicht nur in Ihren Stärken, sondern auch in ihren Schwächen ergänzen. Doch mit einer Schnittmenge von hundert Prozent ist das doch eher ein Wunder, wenn das Pferd haargenau dieselben Erlebnisse und Resonanzen darauf hat, wie sein Halter und es ihm dadurch selber dienlich ist, diese Rolle einzunehmen.

Das Pferd, das nicht flüchten kann, würde sich naturgemäß erst einmal in diese Rolle versetzen lassen und somit den Frieden mit dem Raubtier in uns arrangieren. Das funktioniert, so lange das Pferd diese Rolle bedienen kann, ohne sich groß in seinem Wesen zu verbiegen. Doch früher oder später fliegt diese auf das Pferd projizierte Rolle auf, wenn ihm diese nicht wirklich passt. Je fremder sie dem Wesen des Pferdes ist, je weniger es wahrhaftig das ist, was wir glauben, das es ist, desto schneller muss es einen Ausweg aus dieser letztendlich schmälernden und krank machenden Projektion finden. Kurz können alle Pferde in diesen Situationen unseren Ansprüchen gerecht werden und sich anpassen. Doch wenn es dem Pferd nicht entspricht, dann ist es früher oder später unterfordert oder überfordert, kommt an seine Grenzen oder erreicht sie nie, fühlt sich falsch gesehen oder übersehen und leidet unter seinem eigenen Mangel an Bedürfniserfüllung. Das stresst, macht unzufrieden, traurig, wütend, hoffnungslos, verzweifelt und vieles mehr oder bringt es in den Höhenflug und größenwahnsinnigen Machtrausch, da die Position mit der dazugehörigen Erwartung eine

Nummer zu groß für es ist. Dann ist es schleichend überfordert. Wenn dieser Zustand länger währt, dann wird ein Pferd „verrückt“ oder passt sich durch erlernte Hilflosigkeit der Abwärtsspirale an. Verrückt wird es dann im wahrsten Sinne des Wortes. Es gibt für dieses Pferd einen Platz auf der Welt, an dem es so sein könnte, wie es seinem Wesen gemäß, in Freiheit, wäre. Gebe ich ihm aufgrund meiner unreflektierten Muster einen Platz, der diesem Wesen nicht wirklich entspricht, dann fühlt es sich so, als ob es neben sich stünde, nicht auf seinem Platz, nicht am richtigen Ort, abgerückt von seinem natürlichen Entwicklungsweg. Dann verliert es mehr und mehr an Boden, vorausgesetzt, es hatte den überhaupt schon einmal. Und auf diesen schleichenden Prozess, der sich auf die Seele auswirkt, wird es reagieren müssen, um für sich zu sorgen und sich aus der Frequenz zu befreien. Pferde und Menschen bleiben glücklich und gesund, wenn sie ihrem Seelenplan folgen können. Ihrem eigenen.

Vielleicht haben Sie selbst schon einmal erlebt, wie es ist, wenn Sie fälschlicherweise ganz anders gesehen und behandelt werden, als es Ihnen in Ihrem Kern entspricht. Es löst bei Ihnen vielleicht Schwindel aus. Sie fühlen sich unwohl. Ihnen ist kalt. Sie sind verunsichert, weil Sie eine Rolle bedienen müssen, für die Sie immer etwas anders handeln müssen, als Sie aus eigenem Instinkt heraus täten. Sie müssten stets denken, bevor Sie handeln oder reagieren. Sie könnten nicht authentisch, direkt und unmittelbar handeln, weil Sie dann die vorgegebene Rolle sprengen würden. Sie müssten plötzlich über jede Handlung nachdenken, weil sie nicht Ihrer Natur entspräche.

Diese Art der Anpassung ist die Grundformel für Stress. Und Stress macht krank. Diesen Lebewesen ist oft dauerhaft zu kalt, es mangelt an sinngebender Lebenswärme. Das eigene Wesen weiß, wie und was es ist, wonach es sich sehnt und was es sich wünschen würde. Doch wenn es keinen Raum dafür gibt, indem es respektvoll es selbst sein kann, wird es von seinem Platz und seiner eigenen Energie langsam entfremdet. Diese Situation führt, solange wir nicht grundsätzlich etwas ändern, geradewegs in die Perspektivlosigkeit, die sich bis in eine Art Depression steigern wird. Und um der Depression zu entkommen gibt es für das Pferd nur zwei Auswege: flüchten oder kämpfen. Wenn das Pferd so weit ist, dass es flüchten möchte oder zum Kämpfen neigt, dann befindet es also schon auf dem Ausweg aus der Lebens-Starre, in die es unweigerlich gelangt war. So lange der Halter eine von außen bestimmte Rolle mit Eigenschaften oder erwünschtem Verhalten auf sein Pferd projiziert, kann das Pferd nicht es selbst sein. Fügt sich das Pferd vorerst in diese Rolle, entsteht eine Illusion, die mit fortschreitender Dauer zu einer immer festeren werdenden Erwartung führt. Wird das Wesen des Pferdes dann eines Tages deutlich und handelt entschlossen, fliegt die Illusion, die Täuschung, auf. Halter sind dann natürlich enttäuscht. Wieso ist das Pferd auf einmal so verändert? Doch es zeigt nur – endlich – dass die Täuschung nicht länger tragbar ist. Es ist das Ende der „Verrücktheit", und nicht der Anfang. Auch wenn das Pferd sich eventuell gebärdet wie verrückt.

Dieser Situation können wir präventiv nur entgegen wirken, wenn wir es erst gar nicht so weit kommen lassen. Wer sich also als Mensch seiner Muster, Programme, Prägungen und Manipulationen bewusst wird, gesteht diesen Klärungs-und Individuationsprozess auch seinem Pferd zu.

Wenn wir uns selbst in diesen Prozess wagen, lernen wir, uns aus Mustern und Programmen zu befreien. Dafür müssen wir sie allerdings erst einmal aufspüren und erkennen. Wir lernen uns selbst neu kennen. Dadurch lernen wir den Teil zu erkennen und zu unterscheiden, der eine gelernte, vielleicht recht kreative „Kreation" von uns ist, um in der Welt zurecht zu kommen, und den Teil, der unsere „Schöpfung" ausmacht, unsere wahre Identität. Es zeigt sich ein Dasein ohne Strategien, Muster oder Programme, die uns Sicherheiten und Kompetenzen vorgaukeln: Ohne das starke Selbst, dass wir wie eine Gallionsfigur vor uns tragen und das für uns in der Welt handelt. Ohne, dass wir reagieren müssen, wie man es uns eingetrichtert hat. Ohne Trug, Schein und Täuschung.

Das, was in dieser besonderen Auseinandersetzung mit uns selbst vielen von uns erst einmal Angst macht, ist die Erkenntnis, dass diese Identität, die hinter den starken Fassaden verweilt, ganz anders sein könnte, als wir selber angenommen haben oder von uns dachten. Für viele von uns ist unsere eigene, klare Identität, unser Wesen, zuerst nicht wahrnehmbar, da sie so viel leiser und feiner ist, als alles, was wir von uns kennen. Und wenn Sie das Gefühl haben, da sei nichts, dann, ich gratuliere, sind Sie genau am richtigen Ort! Wahrscheinlich ist es dort nur viel feiner und leiser, als Sie dachten.

Unser Verstand honoriert alles, was wir kennen, mit einem starken Zustimmungsgefühl. Und alles, was der Verstand nicht kennt, das ist für ihn auch nicht real und nicht von Bedeutung. Und das Stille hinter der Fassade ist seiner Meinung nach schon gar nicht tauglich, um in dieser Welt sicher zu überleben. Aus diesem Grund gaukelt der Verstand Ihnen eine Weile meist sehr eindrücklich vor, dass da hinter der Fassade nichts sei. Denn wenn das so wäre, und Sie entdeckten Ihren wahren Kern als Ihr durchaus für Sie in diesem Leben funktionierendes Selbst, und entschieden sich dann sogar noch für Ihr sanftes Wesen, dann hieße das für den Verstand auch, dass er nicht mehr so notwendig und wichtig sei, wie bisher. Und genau das ist *seine* größte Angst. Die Angst, überflüssig zu sein. Er wird also alles tun, damit Sie sich wieder mit Ihrer Fassade, mit Ihren Rollen, Programmen und angenommenen Mustern, identifizieren. Er wird automatischer und schneller auf Dinge reagieren, als je zuvor. Denn jetzt hat er enormen Stress. Das löst eine Zerrissenheit und Unbehagen in Ihnen aus, vielleicht sogar starke Schmerzen in Ihrem Körper. Das geht so lange energetisch ebenenübergreifend hin und her, bis Sie sowohl in Ihrem Wesen, als auch in Ihrem Herzen angekommen sind und sich trauen, sich gegen all das zu entscheiden, was Sie gelernt haben – das gilt jedenfalls für den Teil, der Sie begrenzt oder Ihnen nicht gut tut – und bereit sind, bedingungslos neu, kreativ und flexibel, Ihrem Herzen Raum zu geben und dessen Weisungen konsequent zu folgen. Und wer sein Herz für sich selbst öffnet, spiegelt sich damit unmittelbar im Gegenüber eines Pferdes wieder. Dann kann auch das Pferd sein Herz öffnen und unkommentiert ohne Bewertung frei und wesensgerecht es selbst sein.

Wenn wir schon die Zäune nicht aufmachen können, um unsere Pferde zu befreien, dann doch zumindest die Herzen!

Hinzu kommt vor allem bei uns Frauen ein besonderes Thema: die Selbstverpflichtung. Kollektiv ist es uns gesellschaftlich über mindestens die letzten zwei bis drei Generationen, menschheitsgeschichtlich sogar über die letzten zehntausend Jahre, tief eingeprägt worden, dass Frauen sich selbst zurückstellen, sich verbergen und andere in ihren Bedürfnissen wichtiger nehmen sollten, als sie sich selbst zu nehmen haben. Das geht häufig auf Kosten der eigenen Emotionen, der Wünsche, der Bedürfnisse bis hin zur kompletten Lebensführung. Wir stellen unsere Träume hinten an, um anderen bei der Erfüllung ihrer Träume oder ihres Lebens zu helfen und enden früher oder später in Frustration und Burnout. So lange noch jemand Bedürftiges auf uns wartet, gehen diese Muster auf, die vor unserer Persönlichkeit positioniert wurden. Doch wenn dann plötzlich niemand mehr da ist, dem geholfen werden kann oder der unterstützt werden möchte, fliegt uns hier die kollektive Prägung um die Ohren. Dann scheint es, als könnten wir gerade unserem Lebenssinn nicht nachkommen. Und selbst für uns zu hundert Prozent zu sorgen, für unsere Bedürfnisse, Neigungen, Wünsche und Träume, haben wir bis heute nie die kollektive Erlaubnis erhalten. So lange wir mit in diesem Bewusstseinsfeld in Resonanz gehen (wollen), gibt es keinen Ausweg. Viele von uns, ich selbst fühlte mich in diesem Thema jahrelang unbewusst eingeschlossen, sorgen dann für eine Art Hilfsnachschub. Ich zum Beispiel nahm dann immer ein neues in der Not stehendes Pferd zu mir auf, an dem ich meine scheinbare und gesellschaftlich hoch anerkannte Berufung neu ausleben konnte. Das erfüllte mich zwar mit Sinn, hatte jedoch nicht wirklich mit meinem Kern zu tun, sondern mit einer Rolle, die ich annahm, um gesellschaftlich dazuzugehören. Ich nahm die Rolle gerne, freiwillig und immer erneut an. Denn wie es geht, sich ausschließlich um sich selbst zu kümmern, hatte ich längst vergessen. Und immer, wenn ich den Versuch unternahm, es zu üben, war ich traurig und emotional schwer vor laut schreiendem schlechtem Gewissen, so egoistisch zu sein. Dann fühlte ich mich sehr geschwächt und litt unter so etwas wie Entzugserscheinungen. Ich hatte mich emotional verpflichtet, mich zu engagieren und war darin geübt, meinen Selbstwert an der Größe meiner getätigten Hilfe zu messen. Meine Pferde nahmen mich in meiner Rolle wahr. Immer wieder kamen sie mit kleinen oder großen Wehwehchen, um die Retterin in mir zu bedienen. Ab dem Tag, ab dem ich entschied, dass ich nunmehr keine kranken oder gekränkten Pferde mehr brauchen möchte, um mich wohl zu fühlen, öffnete ich meinen mir anvertrauten Pferden ein wichtiges Tor. In mir. Ich öffnete mich, nun auch gesunden Pferden begegnen zu dürfen und bedingungslos Freude an ihnen zu haben. Das Leben nahm mich ernst und schickte mich nun plötzlich in Resonanz mit lauter geheilten Pferden. Ich begegnete einem neuen Drama in mir. Ich war arbeitslos. Plötzlich. So schnell, wie ich den Schalter durch innere Arbeit in mir umgelegt hatte, genauso schnell schickte mich das Leben in die neue Resonanz. Plötzlich waren alle um mich herum gesund. Das war zwar wunderschön, machte mir aber Angst. Wer würde mich denn jetzt noch brauchen? Wofür hätte ich so viele Heilmethoden gelernt und entwickelt? Wie würde ich von nun an mein Geld verdienen? Und: Was mache ich mit dieser Freiheit? Sie schien mir zuerst viel zu groß. Ich fiel wie in ein Loch. Und meine neue Perspektive fühlte sich vorerst nicht an wie Freiheit, sondern wie Ohnmacht. Viele Nächte habe ich schlaflos oder in der Meditation damit verbracht, die leise Stimme hinter der lauten zu finden. Und das, was ich fand, schien zuerst so unwert, um damit zu leben. Ich dachte kurz, da wäre nichts, was ich finden und nutzen könnte. Ich hatte mich so sehr mit meinem pferderettenden Muster identifiziert, dass ich scheinbar nichts war, ohne das. Ich schien mich regelrecht aufzulösen. Hinter der Fassade waren weder Wünsche, noch Bedürfnisse. Ich hatte keine Träume und keine Ideen für meine kreative Freizeit. Ich dachte, ich wäre eins gewesen mit dem, was ich bisher tat. Ich dachte, ich wollte immer Schwächeren dienen, helfen und zur Selbstheilung motivieren. Und dann, eines Nachts spürte ich, wie wütend ich war.

Plötzlich kochte die Wut hoch über alles, was mir gesellschaftlich programmiert und als Muster aufgedrückt wurde. Als gute Schülerin des Lebens war ich immer sehr gefügig, wenn es um Gerechtigkeit ging, um Freiheit, um Entwicklung und um Heilung. Langsam, ganz langsam gelang es mir, so wütend zu werden, dass der Zorn mir half, sich der alten Fassade zu entledigen. Ich habe sie im wahrsten Sinne des Wortes im eigenen Feuer verbrannt. Die Muster standen zwischen dem, was ich geworden war, und dem, was ich in Zukunft alles sein könnte. Ich hatte komplett vergessen, dass ich alles, was ich machte, freiwillig machte, weil ich mich einst dazu entschieden hatte. Ich hatte vergessen, dass ich die Regisseurin meines Lebens war, die JEDERZEIT eine neue Entscheidung treffen konnte. Ich hatte mich selbst meiner Schöpferkraft beraubt. Ich hatte es Menschen und Tieren erlaubt, meine hell erleuchteten Knöpfe drücken zu lassen, wann immer es ihnen beliebte. Und dann sprang und funktionierte ich gerne und perfekt. Ganz automatisch. Ich hatte vergessen, die freie Wahl zu haben. Und jetzt war ich mitten im Bewusstwerdungsprozess.

Als mich eines Tages darauf eine Freundin bat, sie zu unterstützen, ihre achtundzwanzig Jahre alte, erkrankte Stute einzuschläfern und von dem anstehenden Leid, das zwar noch nicht körperlich manifestiert war, aber spätestens im kommenden Winter deutlich werden würde, zu erlösen, öffnete es mir die Augen. An diesem Tag kam ein Horrorszenario auf mich zu. Und ich fühlte mich das erste Mal *nicht* dazu berufen. Nein. Ich erkannte, ich fühlte mich dazu nicht verpflichtet. Alles, was schiefgehen konnte, ging dann an diesem Tag schief. Und all das machte ich scheinbar freiwillig mit. Ich wusste es nicht besser, denn ich wurde noch von dem Muster dominiert, von dem ich dachte, dass es ICH sei. In den Tagen danach verstand ich, dass das Wesen, das in mir, in meinem seelischen Kern wohnt, viel zu zart war, um solche Strapazen durchzuhalten. Das könnte ich für mein eigenes Pferd tun, oder die meiner engsten Freunde. Und dann könnte ich die Hilfe meiner Liebsten in Anspruch nehmen. Doch ich konnte es nicht zusätzlich für alle andere leisten und schon gar nicht hauptberuflich. Weder konnte und wollte ich anderen das machtvolle Thema abnehmen, wann wir Menschen ein Recht darauf hätten, eine Entscheidung über Leben und Tod zu fällen. Noch konnte ich die

Situation für alle Beteiligten tragen. Jede und jeder, der ein Pferd hat, müsste selbst die Verantwortung tragen. Und wenn er oder sie das nicht konnte, könnte er oder sie es an diesem Tag lernen. In meinem Wesen war ich viel schwächer, bedürftiger und weicher, als ich jemals von mir angenommen hatte. Angenommen hatte ich über die Jahre nur die Stärke meiner Fassade, und ich hatte diese Fassade mit mir verwechselt. Ab dem Tag erkannte ich, wer ich wirklich war. Meine Pferde spiegelten es mir ab dem Tag unaufhörlich wider. Plötzlich waren sie alle stets heil und gesund, fröhlich und hatten leise, zarte Bedürfnisse. In ihnen spiegelte sich die Sehnsucht nach Frieden, die Sehnsucht nach einer heilen Welt und die Sehnsucht, selbstbestimmt und frei von persönlichkeitsausmachenden Mustern ganz selbstachtend und liebevoll miteinander umzugehen und füreinander zu sorgen. In dem Maße, in dem ich bisher für andere gesorgt hatte, sorgten sie nun auch für mich, wenn ich unter ihnen war. Ich erkannte, dass ich selbst nicht nur die Schöpferin meiner eigenen Welt war, sondern auch die einzige, die für mein Wohl sorgen und für mich verantwortlich sein konnte. Ich hatte eine lang ersehnte Reise begonnen, die Reise zu mir selbst, die mich von nun an in ein authentisches Leben führen konnte. Und wenn ich meine gesellschaftliche Rolle heute spiele, dann nur, weil ich mich in dem Moment dafür entschieden habe, sie punktuell zu spielen, um der Gesellschaft dienlich zu sein. Dann bin ich mir bewusst, dass ich mich in eine Rolle begebe, und dann, wenn ich damit fertig bin, steige ich dort bewusst wieder aus und finde wieder zu mir selbst zurück. Anfangs hat es noch viel Ruhe, Regeneration und Zeit gebraucht, um diesen Unterschied wahrzunehmen und danach zu handeln. Nachdem ich den Therapiehof abgegeben hatte, schlief ich gefühlt mehrere Wochen andauernd und verdaute, was ich alles gesehen hatte. Heute ist das Zurückfinden zu mir selbst eine immer größer werdende Selbstverständlichkeit. Meine Pferde honorieren diesen Weg mit Spiegelung und Freude. Sie sind mehr sie selbst, als sie jemals waren. Auch sie habe ich aus allen Rollen aussteigen lassen können und meine Erwartungen zurückgenommen. Sie dürfen frei und wild durch ihr Pferdeleben galoppieren, ohne, dass ich ihnen vorschreibe, wie sie meiner Meinung nach sein sollten. Mit wachsender Selbstachtung habe ich viel mehr Achtung ihrem eigenen Weg gegenüber erlangt und kann frei neuen Situationen begegnen. Frei, kreativ und mit Freude auf das, was noch kommen mag. Für mich und auch für jedes Lebewesen, das mir begegnet.

Tipps für die Umsetzung:

Nehmen Sie sich Zettel und Stift zur Hand und notieren Sie sich alles, was Sie begrenzt. Hat Ihnen jemals jemand eingetrichtert, Sie seien für etwas nicht schön genug, nicht schnell genug, nicht stark genug, …? An welche, auch noch so irrsinnige Ideen davon haben Sie, ohne es zu wollen, geglaubt? Haben Sie in Erwägung gezogen, dass die Person Recht oder vielleicht auch Unrecht haben könnte?

Finden Sie alle falschen integrierten Vorstellungen über sich selbst. Ersetzen Sie diese falschen Vorstellungen über sich selbst, die unterbewusst zu einem unterschwellig arbeitenden Glaubensmuster, ja fast eine innere Religion geworden sind. Machen Sie sich bewusst, wie Ihre Wahrheit aussieht. Achten Sie dabei auf Ihre Gefühle. Und finden Sie ausschließlich Aussagen über sich selbst, mit denen Sie voll und ganz konform gehen und sich wohl fühlen. Lösen Sie sich von allem, was gar nicht mit Ihnen übereinstimmt. Finden Sie zehn Verleumdungen, die Sie gekränkt oder in falschem Licht haben stehen lassen.

Es ist Zeit für eine Revolution. Und zwar im Sinne der Evolution. Sie dürfen (und sollten) sich kurz aufbäumen, wer Ihnen da solch eine falsche Meinung über sich selbst nahe gebracht hat und diesen Gefühlen Raum geben. Sie dürfen sich ab heute gegen diese Falschaussagen wehren, auch wenn Sie sie als Selbstsabotageprogramm selbst getätigt und in sich imprägniert haben. Tun Sie dies jedoch nicht mit dem Gedanken des Kampfes, sondern mit einem Impuls der Liebe. Schicken Sie zu der Person (auch zu sich selbst) oder der Institution, die Sie so fehlwahrgenommen hat, gedanklich oder schriftlich an sich selbst adressiert Ihre Stellungnahme. Bei zu schweren Verletzungen Ihrer Würde sollten Sie den kleinen Brief danach in einem persönlichen Moment verbrennen und die Sache sich durch das Feuer ein für allemal transformieren lassen. Die Absicht ist Frieden. Die Methode Liebe. Dann darf Stille einkehren. Durch Verzeihen. Anderen. Und vor allem sich selbst. Denn schließlich haben Sie sich selbst verletzt, indem Sie anderen mehr geglaubt haben, als Ihrem Herzen.

Ein Beispiel:

„Liebe/r…..,

Ihre damalige Einschätzung über mich war und ist nicht meinem Wesen entsprechend. Das habe ich heute deutlich erkennen dürfen. Mit wachsender Selbstliebe kann ich meinen Kern von nun an selber einschätzen und selbstachtend zu mir stehen. Dabei orientiere ich mich ausschließlich an meinem Herzen. Meine Würde ist heute durch Einsicht vollständig zu mir zurückgekehrt. Dafür danke ich.“

oder ein anderes Beispiel:

„Liebe/r…,

Ich gebe Ihnen hier, jetzt und heute die Demütigungen, Kränkungen, Schmälerungen und daraus entstandenen Strategien, Muster und Programme zurück, die ich nicht mehr benötige und danke Ihnen für dieses Hilfsmittel. Ich brauche es von nun an nicht mehr. Ich habe ALLES durch Eigenliebe und Verständnis für mich selbst ersetzt und lasse mich frei. Von nun an agiere ich bewusst, mir gegenüber selbst verantwortlich, kreativ und liebend. Dankbar und hochachtungsvoll, Ihr/e...“.

Damit richten Sie sich noch mehr auf Ihr Inneres aus. Sie brauchen sich nicht mehr am Außen orientieren, brauchen niemandem, auch sich selbst, nichts mehr beweisen und kommen in die Seelenstärke, die ich Courage nenne. Alte Muster werden immer wieder einmal auftauchen und sich aufbäumen. Doch je mehr Sie üben, bewußter zu werden, desto wacher und schneller können Sie sich selbst entlarven, wenn Sie in alte, zum Teil fremde Muster rutschen, längst überholte Verteidigungsstrategien ausagieren, und Ihr altes Denken, Fühlen und Handeln durch Neues ersetzen. Ihr Pferd wird Sie dabei begleiten und den Umgang entweder honorieren oder spiegeln, je nachdem, wie weit es schon selbst bei sich angekommen ist. Gemeinsam können Sie beide aufhören, die Persönlichkeit zu sein, die Sie sein sollten, und sich voll und ganz dem widmen, was Sie sind und möchten. Dann betreten Sie den heiligen Pfad der Authentizität. Auf dem Boden der Eigenliebe.

Die emotionale Vergangenheit umschreiben

Eine gewisse Ironie besteht darin, dass wir, um gut für unser Pferd zu sein, zuerst gut für und zu uns selbst sein müssen. Um also den nächsten Schritt auf unserem Weg voran zu kommen, müssen wir uns mit der Vergangenheit beschäftigen.

Beim Fortschritt im Sinne der Evolution und Weiterentwicklung geht es darum, altes, belastendes Gepäck abzuwerfen und hinter uns zu

lassen, um dann erleichtert von altem Ballast nur mit dem voran zu schreiten, was sich in der Vergangenheit als wahrhaftig gut, dienlich und hilfreich erwiesen hat. Und zwar im Sinne des eigenen, ureigenen

Wesens, im Sinne des Herzens. Das ist etwas ganz Individuelles und niemals dasselbe, was eine andere Person ausgewählt hat oder benötigt. Jede und jeder von uns ist einzigartig!

Aus der Perspektive des Verstandes sind viele Wege möglich. Aus der Sicht des Herzens nur einer.

Wenn wir diese Fähigkeit der Selbstachtung und der Selbstakzeptanz nicht beherrschen, dann können wir sie dem Pferd gegenüber auch nicht authentisch und echt leben und zeigen. Das würde bedeuten, dass wir diese hohe Kunst der Achtung des Wesens des Pferdes zwar ehrenvoll anwenden wollen würden, doch es wäre nur ein guter Vorsatz, nicht aber eine gelebte Erfahrung, und somit „innen hohl". Haben wir diese Kunst weder erlernt, noch an uns selbst erfahren, dann können wir sie weder umsetzen, noch könnten wir den Schatz darin finden. Wir würden etwas *tun*, ohne es zu *sein*. Unsere Fassade hätte einen achtenden, akzeptierenden Anschein, doch unser Herz wäre in der Tiefe nicht gereinigt genug, um wahrhaftig das zu sein, was wir da versuchen. Es bliebe eine aufgesetzte Methode, die innen leer oder mit alter Dunkelheit behaftet wäre. Egal, wie sehr wir uns anstrengen würden. Es wäre zwar möglich, für eine Zeit lang den Anschein zu wahren, doch letztendlich wäre es sehr kräftezehrend, denn wir spielten nur eine (vielleicht sehr gute) Rolle. Auch vor uns selbst. Es ist die Rolle, wie wir uns im besten Falle uns selbst vorstellen, eine Idealvorstellung. Und auch diese Vorstellung muss auf Bestand und Herkunft überprüft werden, wenn wir bemerken, dass die Ausführung tatsächlich an den Kräften zehrt. Den wahren Weg zu gehen kostet keine Kraft. Nur der Weg dorthin.

Ich selbst durfte und musste diesen Unterschied wahrhaftig kennenlernen und erfahren, dass ich diese Liebe den Pferden gegenüber und den Wunsch, ihnen Gutes zu tun, zwar wahrhaftig schon seit ich denken kann hatte, doch ich versuchte, den Pferden all das zu geben, was ich selbst als Kind und Jugendliche und zum Teil noch als erwachsene Frau vermisste und ersehnte. Ich gab ihnen alles, was ich dachte, was sie bräuchten. Ich gab es ihnen aus mir heraus. Doch da war nicht die Fülle der Liebe, sondern ein großer Mangel an Liebe, ein bodenloses Loch, aus dem ich schöpfte. Nur Sehnsucht. Ich gab nicht aus der Erfahrung meiner eigenen Erfüllung, sondern aus dem Mangel und dem unerfüllten Wunsch, endlich jemanden „Echtes“ zu treffen, mit dem ich in einen wahrhaftigen und herzzentrierten, sicheren Kontakt schreiten konnte, welcher mich nähren würde. Ich platzierte die Pferde, die ich aufnahm, unmittelbar und ohne dass sie etwas dazu tun mussten, nicht nur einen Platz auf Augenhöhe mit mir, sondern überhöhte sie und ihre Bedürfnisse auf einer Art Silbertablett, auf das ich sie stellte, und auf dem sie unantastbar waren. Fast wie Heilige. Das alles entstand aus dem gefühlten Mangel an Achtung, Anerkennung und Akzeptanz und aus der schier grenzenlosen Sehnsucht danach. Es entstammte aus der Erfahrung von Übergriffigkeit und Gewalt, die ich erlebt und gesehen habe. Ich wollte diesen Pferden den Schutz in dieser Welt geben, den ich selber so oft vermisste, um mich sicher und geborgen zu fühlen. Im Grunde stand ich ebenso da wie sie. Ich suchte und brauchte ein Gegenüber, das all diesen Mangel füllte. Doch wer oder was sollte diese Größe haben? Meine Eltern? Mein Mann? Freunde? Mein Hund? Meine Pferde? Mein Hof? Mein Verdienst? Meine Versicherung? Meine neue Ausbildung? Mein Arzt? Mein Therapeut? Meine Reise? Meine Vision von der Zukunft? WER?

Da verstand ich, dass ich transformieren musste, und zwar komplett. Ich musste all das loslassen lernen, was mir in meinem Leben Schmerzen und das Gefühl des Mangels verursacht hatte, um dem

Herzensziel meines Wesens näher kommen zu können. Damit lernte ich, niemanden mehr für meinen Mangel verantwortlich zu machen und von meinem Umfeld nicht zu erwarten, was ich selbst nicht konnte oder nicht verstand, wie es zu tun wäre. Ich begriff, dass mich nichts und niemand von mir und meiner Vergangenheit, meinen Erfahrungen und all dem, was ich gesehen hatte, heilen könnte, außer ich mich selbst. Lange hatte ich einen Mangel an allem Möglichen gespürt. Daraus war als Strategie eine riesige Motivation erwachsen, es anderen an nichts mangeln zu lassen. Und das Bedürfnis kam wirklich von innen und war tatsächlich vollkommen echt. Daraus erwuchs in mir eine große Persönlichkeit, eine Helfernatur. Das einzige Problem und somit neue Motivation für den nächsten Entwicklungsschritt, war dieser Mangel, der sich von mir selbst zuerst scheinbar nicht füllen ließ. So konnte ich anderen nicht wahrhaftig bis in die Tiefe dienlich sein, wie ich wollte, sondern musste immer viel dafür in Bewegung setzen, dass sich etwas tat. Doch das tat ich gerne.

Mir selbst konnte ich so lange nicht alles geben, um meine Wunden zu heilen, wie ich an der Vergangenheit festhielt, der ich die Verursachung dieses Mangels bitterlich zuschrieb.

Und eines Tages klickte es.

» *Was, wenn meine Vergangenheit anders gewesen wäre?*

» *Was, wenn ich hier und da etwas falsch verstanden hätte?*

» *Was, wenn ich aufgrund meines sehr starken Verstandes und Gerechtigkeitsgefühls Fehlinterpretationen und Irrtümern zum Opfer gefallen war?*

» *Was, wenn ich nur voreingenommen gewesen war und die Situation vollkommen falsch beurteilt hatte?*

Genau wie bei der Betrachtung des Pferdes in Kapitel vier ist auch die Betrachtung einer Geschichte pure Interpretation und vom Blick und der Auffassung des Betrachters abhängig. Auch hier würden zwanzig verschiedene Personen genau die Variante wählen, unter der sie gedeihen oder verderben *wollten*.

Es ist immer die Entscheidung des Betrachters, wie er eine Begebenheit wahrnimmt, beziehungsweise wahrzunehmen gelernt hat. Das Bild baut auf der eigenen Bereitschaft auf, wie wir Dinge interpretieren. Immer. Der Kern dessen sitzt tief verankert in der Art und Weise, wie wir gelernt haben das Leben zu sehen und über das Leben zu denken. Diese Gedanken kreieren entweder den Weg in freudige oder in leidvolle Gefühle. Das ist der Weg in die eine, oder in die andere Zukunft.

Nehmen wir ein geläufiges Beispiel: Vier Personen sitzen ebenerdig mit etwas Abstand auf einer Terrasse um einen Stuhl herum und sollen ihn beschreiben. Diejenigen, die von links und rechts auf den Stuhl schauen, sehen das seitliche Gerüst, nur etwas Sitzfläche. Aufgrund der Sonneneinstrahlung sieht der eine Betrachter den Stuhl dunkel, der andere hell.

Die Person, die von vorn schaut, sieht die aufwändig bemalte Rückenlehne in ihrer ganzen Schönheit, eine Rückenlehne, die einlädt, sich anzulehnen. Die betrachtende Person sieht die gesamte Sitzfläche, die stabilen vorderen Stuhlbeine und vermutet, die hinteren seien ebenso stabil, was sie aber nicht weiß. Sie geht wie selbstverständlich davon aus. Alles, was sie sieht, ist gut gepflegt, heil und macht einen zuverlässigen Eindruck.

Die Person, die von hinten schaut, sieht, dass der Stuhl von hinten weder gestrichen noch gepflegt wurde. Der Holzwurm hat sein Unwesen getrieben und irgend jemand hat die hinteren Stuhlbeine zur Hälfte angesägt.

Wer von den Vieren hat nun recht, wenn er seine Betrachtung und die darauf folgende Beurteilung und Einschätzung schildert? - Wahrscheinlich alle. Alle zu einem Viertel.

Ich verstand, dass ich bisher vielleicht nur einen Teil meiner eigenen Geschichte gesehen hatte und gar nicht so sehr unter den Geschehnissen litt, denn die waren längst vorbei, sondern viel mehr unter der Art und Weise, wie ich diese interpretierte, beurteilt, bewertet und verbucht hatte. Ich litt unter meiner eigenen Interpretation. Auch dazu hatte ich mich entschieden, zwar nicht bewusst, aber selbst. Vielleicht hatte ich mich auch naiv, voller vorschnellem Urteil hinreißen lassen, die Dinge so zu sehen, wie ich sie sah. Niemand konnte mich in diese Perspektive bringen, außer ich mich selbst. Ich schaute wie in dem Beispiel mit dem Stuhl, von hinten, aus der eher dunklen Perspektive auf alle schattenhaften Geschichten, die mir widerfahren waren und auf jene, die ich gesehen oder denen ich beigewohnt hatte.

Als Kind hatte ich gelernt und mir in dem dafür entsprechenden Umfeld langfristig angeeignet, immer das Schlimmste zu erwarten, dann könne es letztendlich nur besser werden. So war ein Teil unserer Familienphilosophie. Prägung. Programm. Ein „böses“ altes Muster, das zwar vorbeugend dienlich war, aber nie die vollendete Wahrheit erschloss. Diese Sicht der Dinge unterband jegliche Freude und Leichtigkeit und ließ mich immer auf das Schlimmste vorbereitet sein und mich sicherheitshalber schon einmal auf das vorbereiten, was schlussfolgernd als nächstes kam. Entspannung? Gab es nicht. Schließlich musste man stets auf Folgen gewappnet sein und auf der Hut bleiben...

Zudem kam ein Prägungsmuster „Wem es jemandem schon einmal schlecht ging, dann tut man dieser Person nichts noch zusätzlich etwas Schlimmes an.“ Also nahm ich gerne diese Perspektive ein, alles aus dem Düsteren anzuschauen und mich bis in den letzten Winkel meiner Seele zu fordern und zu erschöpfen. Dann täte man mir vielleicht nichts Weiteres mehr an. Ich gaukelte mir vor, so hätte ich größtmögliche Kontrolle über alles Dunkle, was kommen könnte. Das Ganze war nichts weiter als eine Erfolg versprechende Strategie, an der ganz am Ende immer Licht stünde. Allerdings konnte ich, so lange ich so dachte, mich auch nie so gut auf die lichtvollen Seiten einlassen, denn irgendetwas in mir war stets in Obacht und Sorge. Überall vermutete ich vorsichtshalber das Dilemma, nur, um gewappnet zu sein und keine bösen Überraschungen erleben zu müssen.

„Wer es als Kind ganz schwer gehabt hatte, dem ist ein Aufstreben und sich wie Phönix aus der Asche der Vergangenheit zu erheben, doppelt und dreifach anzuerkennen und zu honorieren“, kam ganz erschwerend dazu. Wow, was für eine Perspektive, ahnte ich. Eine Idealvorstellung. Aus mir und meinen Dramen konnte etwas werden, hieß das. Ich gab mir damit auch als einfaches Mädchen vom Bauernhof eine Chance. Und ich dachte unterbewusst, je leidvollere und schlimmere Dinge ich hinter mich bringen würde, desto mehr Licht müsste logischerweise am Ende auf mich warten.

Die im Unterbewusstsein übernommenen Programme von einer sehr nahestehenden, wie ich zu der Zeit empfand, außerordentlich großartigen Person, arbeiteten später als Erwachsene mit den anderen Mustern meiner Kindheit zeitgleich und hauten tagein, tagaus schicksalsformend in dieselbe Kerbe.

Nachdem mir all dies bewusst wurde, bereitete ich mich auf den Quantensprung in meinem Leben vor, bereit, mich von jeglichen Illusionen zu trennen.

Aus diesem Gemisch aus Beeinflussung, Fehlinterpretationen und Fremdwahrnehmungen wollte und musste ich etwas machen, wenn ich die Dinge in mir ändern wollte. Ich nahm mir die prägnantesten Geschichten vor, die mir dazu einfielen. Diese unterschied ich in zwei Kategorien:

Die erste Kategorie beinhaltete die Geschichten, die ich aus meiner Vergangenheit anderen häufig erzählte. Durch häufige Wiederholungen über die Jahrzehnte saßen die Geschichten bildhaft in Mark und Bein und meine Persönlichkeit festigte sich dadurch, dass meine eigenen Ohren meine Geschichte immer wieder hörten, wenn ich sie erzählte. Ich erzählte sie, um zu beschreiben, wer, was, oder wie ich bin. Und warum ich so geworden bin. Das glich einer beeindruckenden Rechtfertigung. Ich erwischte mich dabei, dass die Geschichten inhaltlich mehr Drama als Frieden oder Lösungen enthielten, wenn ich sie erzählte, und erschrak selbst darüber. Durch die vielen Wiederholungen hatte ich sie selbst immer mehr geglaubt. Aber sie waren letztendlich nichts weiter, als Interpretationen.

In der zweiten Kategorie waren die Geschehnisse, die ich mich bisher noch nicht einmal getraut hatte, ohne Scheuklappen anzusehen oder gar für mich selbst in Worte zu fassen. Wie eine dunkle, schwere Wolke wanderten sie mal durch meinen Geist, mal schmerzhaft als Schatten durch meinen Körper, und blieben ein schicksalhaftes Gefühlsmysterium, das ich bisher nicht einmal bereit gewesen war, mit der Kneifzange anzufassen. Dunkel. Bedrohlich. Angsteinflößend. Schwer. Angst vor der Angst, es könne sich bei näherer

Betrachtungsweise etwas offenbaren, was ich selbst gar nicht wissen wollte. Ich machte mir Sorgen, es könnte etwas Schreckliches an die Oberfläche gelangen, dass mich eventuell für immer beeinträchtigen, brechen und in eine schwere Depression stürzen könnte. Das wollte ich unbedingt vermeiden. Diese Geschichten wusste außer mir niemand.

Doch eines Nachts wurde mir bewusst: Das einzige, was durch das selbstehrliche Zulassen meiner eigenen Wahrheit zu Bruch gehen könnte, wären die Geschichten selbst, die nur durch meine Interpretation lebten und im Unterbewusstsein so etwas wie ein Eigenleben angenommen hatten. Es hatten sich dadurch anscheinend Seelenanteile von mir und meinem Kern abgespalten, wie es oft nach traumatischen oder schmerzlichen Erfahrungen als Schutzfunktion der Seele geschieht, damit der Schmerz der gelebten Gefühle, die aus einer erlebten Situation resultierten, nicht mehr gespürt werden müssen.

So interpretiert stimmten die Interpretationen der Geschichten aus einem weiteren Blickwinkel betrachtet einfach nicht mehr. Ich steckte in einem Irrtum. Ich hatte sie mir nur nicht zu Ende angeschaut, denn dann hätte ich erkannt, welch großen Nutzen ich längst aus ihnen hätte ziehen können. Ich begriff: Weder meine Seele, noch mein Herz könnten brechen, wenn ich mit Täuschungen und Illusionen aufräumen würde. Alles, was am Ende stehen könnte, wäre meine eigene Wahrheit. Sonst nichts. Mir konnte also gar nichts passieren. Das Schlimmste und das, was manchmal weh tat, waren einzig und allein diese Interpretationen von Vergangenheit und die Tatsache, dass ich mir eingestehen musste, mich getäuscht zu haben. Damit hatte ich mir selbst den allergrößten Schaden zugefügt und mein Energiesystem kräftemäßig in den Keller katapultiert.

Ich begann, mir beide Kategorien schonungslos vorzuknöpfen. Nur dadurch, dass ich diese innere Transformation für mich als fest beschriebene Absicht hatte, habe ich durchgehalten, mir all das anzuschauen, was ich in meiner Fassade, Körperhaltung, Mimik, Gestik und in jeder meiner Gebärden als emotionale Ladung längst für die Öffentlichkeit ausdrückte und stetig präsentierte. Ich identifizierte mich zu sehr mit meiner eigenen Interpretation des Lebens.

Der Druck war nach so vielen Jahren immens hoch geworden. Alles wollte aus mir heraus brechen und neu werden. Das einzige, womit ich selbst brechen konnte, war die gesellschaftlich vorgeschobene Persönlichkeit, die auf nicht zu Ende reflektierten Geschichten ruhte. Und das war mir sehr recht.

Die Pferde hatten das längst verstanden und halfen mir an jedem Tag.

Die Pferde verstanden mich immer und sofort. Ich habe in meiner gesamten Laufbahn bisher nur ein Pony erlebt, das mich und alles, was mich bewegte, nicht lesen konnte. Es war selbst so weit weg von seiner Natur, dass es mehr meiner Interpretation, als seinem eigenen Bauchgefühl vertraute. Allen anderen Pferden war von Beginn der Begegnung an stets klar, worum es in mir ging, den einen mehr, den anderen etwas weniger. Daher wussten sie auch alle bereits im ersten Augenblick, dass sie von mir nichts zu befürchten hatten. Im Kern war die Absicht schon immer Frieden. Und wenn ich gemäß meiner Trainerrolle doch einmal zu streng oder zu grob wurde, war das schlechte Gewissen in mir danach so groß, dass ich sofort und danach wochenlang persönlich um Verzeihung bat, so habe ich mich dafür tief innen geschämt.

Und mir wurde stets verziehen. Kein Pferd war so streng mit mir, wie ich es mit mir war oder wie für mich forderte. So erschienen sie sanftmütig, gütig und gelassen. Als hätten sie längst erkannt, dass ich stets mehr mir selbst schade, als ihnen. Sie wussten immer, dass ich ein gutes Herz habe. Und sie wussten ebenfalls immer, dass es die alten Dinge waren, meine Dämonen, die mich belasteten. Nicht das Hier und Jetzt und schon gar nicht sie.

Die Pferde, vor allem meine eigenen, haben gesehen, wie hart ich an mir arbeitete und verziehen großzügig jeden Ausrutscher. Sie genossen es, dass ich meine Verfehlungen stets selbst korrigierte. Ich bekam so viel Vertrauen als Vorschuss von ihnen, was mich in meinem Prozess bestärkend trug und unterstützte. Es stimmte mich demütig, Helfer an meiner Seite zu haben, die so nachsichtig mit mir waren. Ich hatte lange Zeit fest daran geglaubt, so viel Gutes nicht verdient zu haben.

Für nahestehende Menschen war es schwer, zu sehen, wie sehr ich im alten Schlamassel kramte und daran teilweise über Tage und Nächte hängen blieb, um mich zu transformieren. Für die Pferde war es Evolution. Raubtier der Ausgangspunkt, Wahrhaftigkeit, Liebe und Selbstfindung der Weg, Menschlichkeit das Ziel.

So merzte ich alle mir bis zu diesem Moment bekannten falschen Glaubensmuster über meine eigenen Identitäts- und Idealvorstellungen aus. Ich erfasste, welche Situationen in meinem Leben mich so sehr geprägt hatten, dass ich heute die Frau sein kann, die ich bin, mit der reinen Absicht, die ich nach wie vor habe. Mir gelingt es dankbar zu sein für jede Situation, die ich durch kreatives, geistiges Umschreiben in meiner eigenen Geschichte zu einer neuen gemacht habe, die mich auf diesen, meinen, glücklichen und wundervollen Weg gebracht hat. Jede einzelne Situation konnte ich mit Licht bestrahlen, ihr Sinn und Bedeutung für meine heutige Identität geben. Aus dem Kampf, dem rein jugendlichen, sich aufbäumenden Wenden gegen die Situationen, denen ich manchmal begegne, ist eine friedvolle Annahme und Akzeptanz geworden. Ich bin weder Opfer einer Situation in der Vergangenheit, noch fühle ich noch eine wütende Abwehrhaltung dagegen. Es ist ruhiger geworden in mir, manchmal schon sehr ruhig. Jenen, denen ich Schuld für etwas gegeben habe, weil sie mir in der Vergangenheit wehgetan haben, habe ich erkannt, als in ihren eigenen Mustern und Programmen feststeckend und voller unreflektierter emotionaler Ladung. All jenen konnte ich plötzlich, nur durch Erkenntnis und Umschreibung meiner Vergangenheit, verzeihen. Das betrifft alle, die mich gekränkt oder verletzt haben. Sie konnten die Situation zu der Zeit nicht besser lösen. Hätten sie es besser gekonnt, hätten sie es besser gemacht. So ist die Natur des Menschen. Menschen machen ihre Sache immer so gut, wie sie gerade können, und manche Situation ist einfach grenzerreichend und überfordernd. Dann rutschen wir alle in diese alten Muster, die dadurch die Oberhand gewinnen, durch die wir mit Kraft, Macht, Unnachgiebigkeit und Widerstand agieren, weil wir auf die friedvolle Alternative gerade einfach (noch) nicht kommen.

Mit diesem Bewusstsein konnte ich verzeihen. Jede Situation in meinem Leben habe ich herzlich willkommen geheißen. Aus den falschen Interpretationen auszusteigen hat Kraft, Klarheit und Jetztbewusstsein gebracht. Und ich habe mich auf dem Weg, klarer zu werden, häufig geschämt. Um Opfer einer Geschichte zu sein, muss man immerhin Täter kreieren. Doch niemand wollte mir je etwas Böses tun, davon bin ich aus tiefstem Herzen überzeugt. Manche konnten halt nicht besser. Manche Situationen habe ich fehlinterpretiert. Und vieles, was ich dachte, wahrhaftig erlebt zu haben, war in dieser interpretierten Intensität so heftig niemals geschehen. Aber ich hatte lange daran geglaubt und selbstkreierend gerne festgehalten.

Und den Geschichten, die wirklich schwer und düster waren, und bis heute einen unverdaulichen Charakter zu haben scheinen, habe ich vorerst einfach ein anderes Ende angedacht oder sie ein klitzekleines bisschen weiter gesponnen. Der Fantasie habe ich dabei alle Türen geöffnet. Mal kam ein Pegasus, um mich von dort wegzubringen und mich auf einer Wolke schlafen und mich ausruhen zu lassen. Mal kam ein Engel, um die Situation zu schlichten. Eine Person ist vor Eskalation eines Streits unerwartet von einem Freund abgeholt worden. Und eine andere Situation habe ich sich einfach in Luft auflösen lassen. Und manchmal habe ich mir gedanklich einfach Flügel wachsen lassen und sie schützend um mich selbst gelegt. Es sind diese Art Bilder, auf die unser kindliches Unterbewusstsein emotional sofort reagiert.

Allen Situationen, in denen ich während meines Werdeganges zur Pferdefrau einem Pferd gegenüber nicht so gehandelt habe, wie ich es nach heutigen Wachheits- und Bewusstseinsgrad gerne getan hätte, habe ich geistig um Verzeihung gebeten oder wahlweise eine gedankliche Umschreibung der Geschichte kreiert.

Ein Pferd, dessen Begegnung mit mir sicher nicht so war, wie es für das Pferd nach heutigem Wissen gut gewesen wäre, habe ich zwei Tage nach solch einer inneren Arbeit getroffen. Nicht nur dieses Pferd, sondern auch seine gesamte Herde hat sich um mich gestellt und ein gemeinsames Energiefeld gebildet. In dieser Mitte spürte ich das Loslassen der alten Situation wie einen Kloß vom Hals an hinunter durch den gesamten Körper wandern, bis er unten zu den Füßen in die Erde überging. Während dessen musste ich laut weinen. Meine Tränen? Vielleicht die des zarten Wallachs, mit dem ich einst so streng gewesen war, um ihn auf das „harte" Leben so vorzubereiten, wie man es als Kind mit mir gemacht hatte. Ich verfolgte damals die Absicht, ihn abzuhärten, damit ihm nichts geschehen würde. Wieder so ein persönlich gelerntes Muster aus den dunklen Tiefen… absolut überflüssig.

Ich hatte während des Verzeihensrituals den Eindruck, die Herde stand dem zarten Wallach bei, während er mir wohlwollend verzieh. Und dann halfen sie mir, diese Geschichte loszulassen und meine abgespaltenen Seelenanteile wieder zu integrieren. Viele Bilder stiegen auf, auch solche, die ich noch niemals gesehen hatte. Wie aus einer anderen Zeit. Die Pferde halfen mir, meinen Frieden zu machen. Selbstbestimmt und ganz aktiv. Ich spürte viel Achtung und Respekt für das, was ich bereit war zu tun. Der umgebene Raum füllte sich mit unendlicher Liebe. Eine Transformation.

Als ich ging, kam, von wem auch immer, der Impuls, dass ich es aufschreiben solle… „Es könne jemandem helfen, es Dir gleich zu tun." So entstand das *„Cancuna – der kleine Pfad"*, über das ich an anderer Stelle berichte.

Tipps für die Umsetzung:

Wenn Sie sich erlauben wollen, in Frieden mit sich selbst und Ihrer Welt zu kommen, dann machen Sie sich folgendes bewusst:

Die Art und Weise, wie wir unsere persönliche Biografie sehen, dient einzig und allein dazu, uns zu beschreiben, zu definieren und zu rechtfertigen. Wir halten uns daran fest, entweder als Märtyrer, Täter, Retter oder als Opfer. Viele von uns denken sich so sehr in diesen Geschichten fest, bis sie sich damit rollentypisch identifizieren. Dann halten sie all das, was geschehen sei, für Tatsachen. Doch es sind stets nur Interpretationen, die sich im Laufe des Lebens, mit wachsendem Reifegrad transformieren und wandeln könnten und dürften, wenn wir es zulassen, eine Sache neu zu betrachten und uns neu zu definieren.

Eine Vergangenheit zu haben ist gar nicht so wichtig, wie wir denken. Das lehren uns so wunderbare Wesen wie die Pferde.

Um sich auf die Welt und Ihr Pferd einlassen zu können, brauchen Sie ein gutes Gefühl für das Jetzt. Mehr nicht. Und das ist ein Beweggrund, mit den Geschehnissen und Persönlichkeiten seiner Vergangenheit einen neuen, friedvollen Weg zu beschreiten und sich an das Aufräumen zu wagen. Sie werden sehen, sowie Sie Ihre Vergangenheit aus dem Korsett befreien, in dem Sie für sich behaupten, Ihre Sicht der Dinge wäre die einzig möglich richtige Sicht, und Sie sich und Ihrer Vergangenheit mehr Farbe und Möglichkeiten einräumen, ab dem Moment wird Ihr Pferd verändert und erleichtert auf Sie reagieren und Sie bei Ihrem Wandel unterstützen.

Sowie das Unterbewusstsein die Wahl zwischen zwei Interpretationsmöglichkeiten hat, vor allem friedvolle, strahlende, innere Bilder, wählt es die für Sie schonendere innere Haltung. Stellen Sie unguten Geschichten einfach etwas gegenüber. Sie können sich auch für die Meisterung einer Geschichte nachhaltig einen Überlebenspreis verleihen und der Geschichte und damit Ihrem emotionalen Überleben einen neuen Sinn und einen Abschluss geben. Ihre Widerstandskraft, Ihre Stärke, Ihre Frustrationstoleranz und Ihre Belastungsfähigkeit haben sich durch diese Geschichte wahrscheinlich deutlich gestärkt und stark ausgebildet. Das hat für die Zeit und den Raum Sinn gemacht. Sie verdienen einen Pokal und keine Sie im Leid nachhaltig fesselnde Opferrolle! Danken Sie dem Leben für diese Chance. Und seien Sie stolz auf sich.

Wenn Sie diese Arbeit mit allen Situationen der Vergangenheit, die Sie bis heute vielleicht schmerzvoll oder einschränkend begleiten, neu verhandeln, wartet neues Licht auf Sie. Mehr und mehr werden Sie dem Experiment des Lebendigen mehr Raum und Aufmerksamkeit einräumen können, weil das Korsett an Möglichkeiten, das zuvor viel zu eng geschnürt war, jetzt geweitet oder ausgezogen wurde. Sie können den alten Schutzpanzer hinter sich lassen und einen neuen Weg ausprobieren. Ich empfehle Ihnen, alltägliche Dinge auf eine neue Art und Weise zu versuchen, um sich zu erweitern. Sie können dabei gern die Begegnung mit Ihrem Pferd zum Anker machen, indem es Ihnen zeigen darf, wie weit Sie schon sind. Betreten Sie Neuland.

Eine hilfreiche Affirmation:

„Ich bin im Wandel und erlöse mich aus allem, was mich begrenzt und einschränkt. Ich sehe das Leben mit neuen Augen. Ich sehe mich mit liebevollem Blick ganz neu selbst. Ich habe viel mehr Möglichkeiten das Leben zu erleben, als ich mir bis heute zugestanden habe. Ich verzeihe allen, die mich verletzt haben und lasse meine Vergangenheit hinter mir. Ich lasse mich frei. Ich bin frei. Ich entfalte mich zu meiner vollkommenen inneren Größe. Mein liebendes Herz ist mein Zentrum. Meine Seele ist frei."

Dies, oder etwas Ähnliches, auf Sie persönlich Zugeschnittenes, können Sie auf ein Blatt Papier schreiben und beispielsweise unter Ihr Kopfkissen legen. Schlafen Sie auf Ihrem neuen Muster. Stecken Sie es im Alltag in Ihre Hosentasche und lesen Sie Ihrem Unterbewusstsein täglich mehrfach bewusst vor, was Sie für sich anstreben. Gehen Sie mit Ihrem Pferd neue Wege, vielleicht im Training, in einem herausfordernden Spiel oder lassen sich tragen, ohne etwas von Ihrem Pferd dabei zu wollen. Lassen Sie sich beim sich tragen lassen noch mehr auf Ihr Pferd ein, als Sie es gewohnt sind. Entspannen Sie alle Muskeln, wenn Sie auf Ihrem Pferd sitzen und spüren, wie Sie mit Ihrer Sitzfläche auf dem Pferd mit ihm verschmelzen und eins werden. Werden Sie jedoch deshalb nicht schlaff und schief auf dem Pferderücken. Bleiben Sie gerade und aufrecht und trotzdem entspannt. Das verrät Ihrem Pferd Bände über sich und den Vorgang, der in Ihnen stattfindet. Und dann beschreiten Sie gemeinsam neue Wege, die Sie noch nie gegangen oder geritten sind, und lassen sich auf Neues ein. Wenn Sie Ihrem Unterbewusstsein diese oben stehende oder ähnliche Affirmation zur Verfügung stellen, werden Sie erleben, dass sich etwas in Ihnen wandelt. Lassen Sie mit den alten Mustern, Programmierungen und Interpretationen auch Ihren Zweifel, Ihre Angst und Ihre Sorgen los. Alles ist gut. Versuchen Sie, sich dieser neuen Sichtweise aus tiefster Überzeugung zu widmen und glauben Sie an sich. Ihr Pferd wird Ihnen helfen.

Die Kunst, Vorstellungen über sein Pferd loszulassen

Die vergangenen Kapitel beschäftigen sich vorrangig mit Themen, die neben Ihrem Pferdekontext nicht nur in Ihrem Leben, sondern vor allem *in* Ihnen und Ihrem Körper stattfinden. Vielleicht ist Ihnen nun noch bewusster geworden, warum es nicht nur für Sie persönlich, sondern auch für Ihr Umfeld wichtig ist, dass Sie sich über sich und über Ihre Art zu sein ein paar neue Gedanken machen, wenn Sie sich

entwickeln wollen. Denn so, wie Sie sich Ihre Persönlichkeit gestrickt und gefestigt haben, so wirken Sie wahrscheinlich auch nach außen. Und es kann sein, dass Sie so niemals vor hatten zu wirken. Ab und an sind Sie vielleicht überrascht, wie Mensch und Tier auf Sie reagieren und Sie sind durch die Reaktion auf Sie angehalten, sich Ihrer Wirkung das eine oder andere über sich selbst vor Augen zu führen und bewusst zu machen. Manche Reaktionen im Außen lassen uns nachdenklich werden, andere frustrieren uns, machen wütend oder sogar traurig. Pferde, die als Kommunikationsmittel ihre Körpersprache benutzen, gehören dabei zu den ehrlichsten Feedbackgebern, die sich ein Mensch nur vorstellen kann. Sie lesen uns im Augenblick unseres Auftauchens, sie kommen uns näher, wenden sich ab, werden nervös, reagieren mit Flucht oder erscheinen ganz nachsichtig mit uns und folgen uns überall hin. Mit ihrer Hilfe können wir uns plötzlich selbst sehen, reflektieren und uns in Frage stellen.

Als bewusster Mensch können Sie sich täglich neu erschaffen und alles Alte, Gelernte, Übernommene, Programmierte und Beeinflusste abstreifen, wie eine Schlange ihre alte Schlangenhaut, die zu eng oder zu eintönig geworden ist.

Sollten Sie mit der Art und Weise, wie Sie im Leben stehen oder wie auf Sie reagiert wird, glücklich und zufrieden sein, und spüren Sie selbst schon des Öfteren diesen inneren Frieden, eine unstörbare Ruhe und Gelassenheit, dann lassen Sie sich gerne genau so sein, wie Sie sind. Doch meine Erfahrung in der Pferde- und Menschenwelt zeigt, dass wir unterbewusst stets auf der Suche nach Entwicklungsimpulsen sind, Menschen, wie Pferde. Immer dann, wenn es zu eingefahren oder zu eintönig wird, verengen sich unsere Wege und verhärten sich unsere Grenzen und wir kommen in eine emotionale Schräglage, die selbst geschaffene, oft etwas unflexible Komfortzone. Die Persönlichkeit ist vielleicht damit zufrieden, wenn sich nichts mehr ändert und sich im Leben nicht viel Besonderes tut. Doch unsere Seele möchte sich entwickeln. Und das macht keinen Halt vor der äußeren Erscheinung.

Das Leben ist etwas Lebendiges und Mensch und Tier spüren eine persönliche, erhabene Freude, wenn sie neue Ufer erreichen. Wir brauchen Impulse wie das Salz in der Suppe. Wenn wir diese Impulse meistern, fühlt sich unser gesamter Organismus auf allen Ebenen gut und erfolgreich an. Überlebensfähig. Das bedeutet, in der Lage zu sein, auf Neues erfolgreich zu reagieren und sich flexibel und kreativ an neu erscheinende Herausforderungen und Bedingungen anzupassen.

So kommen wir zu dem nächsten wichtigen Punkt, der das Loslassen von Vorstellungen betrifft, nämlich der Art und Weise, wie wir meinen, dass unser Pferd sei oder zu sein hat. In dem Moment, in dem Sie in den vergangenen Kapiteln mehr Wachheit und Bewusstsein für sich selbst und Ihre innersten Bedürfnisse erschlossen haben, wirken Sie wie neu auf ein Lebewesen wie Ihr Pferd. Sie hatten eine Meinung über sich und die Art und Weise, wie Sie sind, und haben bestenfalls schon mit dem Gedanken aufgeräumt, dass es für immer so sein oder bleiben müsse – oder könnte.

In diesem Buch geht es weniger um Ihre Persönlichkeit, sondern mehr um die Stärkung Ihrer Seele und das, was Sie *mit* Ihrem oder *für* Ihr Pferd Ihrer eigenen, ganz persönlichen Erfüllung näher bringt. Dort, wo die Sehnsüchte sind, ist der Weg. Oftmals müssen wir uns neuen Möglichkeiten und Herausforderungen stellen, wenn wir diesen Weg beschreiten wollen und nicht selten führt dieser Weg genau dort entlang, wo wir den nächsten Schritt gerne vermeiden: Wir müssen hindurch durch unsere Ängste und verfestigten Vorstellungen.

Wenn Sie mit einem so empathischen Lebewesen wie einem Pferd langfristig Freude und inneres Glück anstreben, dann sind Sie gut beraten, wenn Sie nicht nur sich, sondern auch Ihrem Pferd erlauben, sich zu entfalten. Und damit meine ich nicht nur sein schönes

Gangbild. Pferden, denen dieser evolutionäre nächste, ganzheitliche Entwicklungsschritt verwehrt wird, enden nicht selten in der Revolution und werden zum Sonderfall. Stagnation von Energien und Entwicklung ruft immer Widerstände hervor, denen sich zuerst das Pferd stellen muss, und in deren Intensität auch Sie als Halter früher oder später hineingezwungen werden. Daher ist es sinnvoll und weitsichtig, seinem Pferd dieselben Möglichkeiten einzuräumen sich zu entwickeln, wie Sie von nun an bestenfalls sich selbst erlauben. Als Lebewesen sollte es Sie auszeichnen, dass Sie lebendig sind. Das heißt, Sie können ebenso lebhaft sein, wie ruhen. Sie können eine Herausforderung annehmen oder es so sein lassen, wie es gerade ist. Und Sie räumen sich die Möglichkeit ein, sich neu, verändert für etwas zu entscheiden oder sich zu erweitern, wenn die Zeit reif dafür ist. Sie können es bei der alten Situation belassen, oder kreativ werden und etwas ganz Neues ausprobieren. Sie dürfen sich jederzeit Dinge zutrauen, vor denen Sie bis dato Angst hatten. Und vor allem haben Sie eines: die absolut persönliche freie Wahl, Dinge in Ihrem Leben zu tun, oder sie zu lassen. Sie sind frei, vielleicht freier als Sie denken oder sich zutrauen.

Eine Meisterschaft ist es, sich all diese Aspekte nicht nur selbst zuzugestehen, sondern auch jedem Lebewesen, dem Sie begegnen. Wenn sich Möglichkeiten und Ressourcen in Ihnen rühren und diese darum ringen, gelebt werden zu wollen, warum dann nicht auch in anderen?

Wir Menschen haben die Tendenz, die alten Geschichten an uns unreflektiert haften zu lassen und dann zu meinen, das Schicksal hätte uns zu dem gemacht, was wir seien. Das ist nur eine Option, das Leben zu meistern und uns dem zu fügen, was uns geschah. Jedoch ist das auch eine Methode, die uns als Individuum sehr beschränkt und uns mit dieser Beschränkung damit sehr begrenzt in allen neuen, sich bietenden Möglichkeiten, Erfahrungen zu machen und vom Leben zu kosten. Wenn wir uns etwas anders wünschen, müssen wir es ändern. Dazu müssen wir eventuell uns ändern oder die Art und Weise, wie wir etwas gewohnt sind, zu betrachten. Manchem Menschen wird nachgesagt, er würde sich niemals ändern. Das stimmt. Wenn der für uns wesentliche Schlüssel- oder Triggerreiz niemals kommt, der uns motiviert, bewegt oder aus unserer Komfortzone lockt, dann sind wir Menschen etwas träge und bequem. Wir richten uns gemütlich in unserem Leben ein. Doch den allermeisten Menschen geht Trägheit und Bequemlichkeit irgendwann selbst auf den Geist und die Seele klopft immer häufiger mit ihren Sehnsüchten an die innere Tür der eigenen Bedürfnisse. Manche spüren das als Schmerz, manche als Vibrationen im eigenen Körper, manche beginnen unaufhörlich zu fasten oder zu essen, bei manchen spielen die Nerven oder die Verdauung verrückt und manche werden mit Fernweh innerlich unruhig oder träumen viel. Bei den einen sind diese Träume sehr real, bei den anderen sind Aspekte oder Personen durch Stellvertreter ersetzt und sprechen eher bildhaft zu ihnen. Das in allem bedeutet, dass der Zeitpunkt oft eine maßgebliche Rolle bei unserer Entwicklung spielt. Energien und Ressourcen entwickeln sich still im Hintergrund, um dann, wenn die Zeit reif ist und die gesammelte Kraft angereichert ist, und dann zudem noch der Beweggrund stimmt, auf einmal einen riesigen Schritt zu machen. Das ist lebendig. Die Reize stillen sich von selbst, wenn wir sie lassen. Alles zu seiner Zeit.

Tipps für die Umsetzung:

Ich lade Sie ein zu einer Übung. Sie nehmen sich wieder Zettel und Stift und notieren sich, was Sie glauben, wie Ihr Pferd sei.

Machen Sie mindestens fünfzehn Stichpunkte auf der linken Seite des Blattes. Nehmen Sie sich unreflektiert alle Eigenschaften vor, die zu Ihrem Pferd gehören oder was Sie gewohnt sind, von Ihrem Pferd wahrzunehmen. Schreiben Sie auf, was Sie gut kennen.

Dann nehmen Sie eine andere Farbe und schreiben – diesmal ohne Ihr Pferd im Sinn zu haben - auf der rechten Seite genau die Gegenteile dieser Eigenschaften und Vorlieben auf. Konzentrieren Sie sich dabei und nehmen die Herausforderung ernst. Lassen Sie sich Zeit beim Bearbeiten dieser Übung. Denn nur, wenn Sie sie ganz bis zu Ende bearbeiten, kommt auch für Sie etwas dabei heraus, und zwar mehr, als bloße Theorie.

Und nun schauen Sie sich die rechte Seite genauer an.

» Hat Ihr Pferd diese anderen Eigenschaften nicht auch? Forschen Sie in Situationen, die weniger prägnant oder häufig sind.

» Ist Ihr so angepasstes, sanftes Pferd nicht auch mal unangepasst und aufsässig?

» Hat es das Recht dazu? Darf es das bei Ihnen?

» Können Sie erkennen, wann und wodurch diese andere Seite aktiviert wird und sich in den Vordergrund drängt?

» Haben Sie Empfindungen dabei, wenn Sie daran denken?

» Ist es Ihrem Pferd erlaubt, lebendig zu sein?

Nehmen Sie sich eine Viertelstunde Zeit nach der Übung, um sacken zu lassen und zu verdauen, womit Sie sich gerade beschäftigt haben.

» Denken Sie darüber nach, ob Sie wirklich aufrichtig und ganz offen waren? Wann wurde Ihr Pferd das letzte Mal gelobt, wenn es im Round Pen oder auf dem Arbeitsplatz vor Energie nach allen Seiten ausgeschlagen und sich von Stagnation befreit hat? Oder darf es das gar nicht?

» Wann haben Sie zum letzten Mal frei mit Ihrem Pferd gearbeitet und alles erduldet und akzeptiert, was es zeigte? Wie sind Sie damit umgegangen?

» Welche Gefühle herrschten in Ihnen vor?

» Hatten Sie schon einmal Angst vor Ihrem Pferd? Was genau hatte es da getan und wie haben Sie darauf reagiert?

» Wann hatte Ihr Pferd das letzte Mal keine Lust auf Sie? War das schlimm? Nachvollziehbar oder erlaubt?

» Wann wollte es etwas von Ihnen, jedoch Sie hatten weder Zeit noch Lust? Wie war das? Haben Sie sich auffordern lassen? Oder haben Sie abgelehnt und hatten danach ein schlechtes Gewissen? Wenn ja, warum eigentlich?

» Sind Sie *beide* frei?

Lassen Sie einfach alles hochkommen, was zu diesem Thema passt und versuchen Sie, die Reaktion Ihres Pferdes mit neuer Güte zu betrachten. Ist es nicht wundervoll, ein Pferd zu haben mit einer eigenen Identität?

Fertig bearbeitet?

Dann dürfen Sie weiterlesen.

Je nach Situation ist es für ein Lebewesen zum Teil lebensnotwendig, oder sogar überlebensnotwendig, dass es Seiten zeigen kann, die die Natur ihm angelegt hat. So meistert es seinen Alltag, neue oder schwierige Situationen und so hält es sich emotional flexibel und beweglich. Ein beweglicher Emotionalkörper schafft den Boden für einen beweglichen physischen Körper. Damit das Pferd auf all seinen Ebenen gesund sein und bleiben kann, ist es daher notwendig, dass es eine große Bandbreite an Reaktionsvermögen hat und behält. Nicht selten sind wir Pferdehalter es, die ein Pferd zu dem machen, was es ist, beziehungsweise, wie es erscheint. Wir loben Dinge, die wir gut finden, ohne zu betrachten, ob anderes Verhalten nicht natürlicher wäre. So schieben wir das Pferd in seinem Verhalten nach und nach in eine Schublade, die es letztendlich schmälert. Manche mögen Ihre Pferde am liebsten in der Schublade „wild und unbändig“. Andere bevorzugen die Schublade „sanft und zuverlässig“, und wieder andere favorisieren die Schublade „Familienpferd“. Natürlich hat Ihr Pferd einen Typ, eine Neigung und Vorlieben. Zum größten Teil ist es ähnlich wie bei uns: Vorlieben sind entstanden durch Prägung, Programmierung, Anerkennung bestimmter Reaktionen, Begrenzung anderer Reaktionen, Fremdeinmischung, Muster und erfahrene Strategien. Doch ein Pferd sollte alles tun können, was die Natur ihm mitgegeben hat. Das sind eh von Menschen kreierte Schubladen, die es in der Natur nicht gibt. Ihr Pferd kann sowohl ein Geländereitpferd sein, wie auch ein Turnierpferd. Es kann sich sanft anpassen, sowie, wenn der Reiz stimmt, auch empört für sich sorgen und Grenzen ziehen. Es kann an einigen Tagen energiegeladen und lauffreudig sein, an anderen faul und bequem. Es kann nach innen gerichtet und introvertiert sein, wie auch nach außen explodieren und sich emotional entladen. Ihr Pferd ist alles.

Ihr Pferd kann alles, was natürlich angelegt ist. Und es weiß intuitiv, was es bedeutet, lebendig zu sein.

Nehmen Sie ihm das nicht in Form von Beeinflussung, Konditionierung gutgemeint ab oder rationalisieren das Verhalten durch Hemmung weg. Dressieren Sie ihm keine Möglichkeiten ab, sich emotional auszubalancieren. Diese Schmälerung führt in die gelernte Hilflosigkeit oder in die Revolution, wenn Sie ganz und gar nicht damit rechnen.

Ein Pferd, das alles verkörpert, was es in seiner wahren Natur sein könnte und ist, ist frei. So frei, wie Sie sich vielleicht sich selbst aus tiefsten Herzen wünschen, jemals zu sein.

Dieser Grundsatz bezüglich des Verhaltens des Pferdes lässt sich leicht übertragen auf das, was Sie meinen, wie Ihr Pferd leben sollte oder wie es mit Ihnen oder für Sie Ziele erreichen sollte.

Nicht selten habe ich erlebt, wie sich Pferde, die verkauft wurden, im neuen Zuhause mit einem neuen Menschen komplett anders zeigen, als sie jemals erschienen. Kleinste Veränderungen im Umfeld oder in der Herde, in der persönlichen Ansprache oder im Umgang bringen unseren intuitiven Empathen dazu, darauf in der für sich möglichen Art zu reagieren. Es nimmt genau das aus seinem Pool an Möglichkeiten für sich in Anspruch, was situationsorientiert angemessen, machbar und aus pferdischer Sicht sinnvoll, also natürlich, erscheint. Das Pferd, das immer im Offenstall gelebt hat, fühlt sich plötzlich unter veränderten Bedingungen in seiner nächtlichen Box als Zufluchtsort wohl, und das, das gerne in den Anhänger stieg, will nie mehr hinein. Der Wallach, der immer freundlich und zurückhaltend nett mit den Stuten aus seiner Stammherde umging, bespringt plötzlich die wildfremden und gut duftenden Stuten in einer neuen Herde und der Senior, der in Rente gehen sollte, blüht plötzlich auf und langweilt sich ohne tägliches Training oder neue Aufgabe. Veränderung bringt also Veränderung. Und nichts ist natürlicher, als das.

Lassen Sie Ihr Pferd daher los. Lassen Sie los, wie es zu sein hat, dann kann es Ihnen Dinge über sich – und über Sie – verraten und zeigen, von denen Sie keine Ahnung hatten, dass es da ist.

Doch was ist, wenn diese Freiheit mehr aus Ihrem Pferd macht, als Sie dachten, dass es sei? Keine Angst. Das ist dann nur der Weg. Pferde sind harmonieliebende Tiere, die sich gerne anpassen, wenn die Basis stimmt. Ich habe die Erfahrung gemacht, dass gerade Pferde, je mehr ihnen erlaubt ist, das Pferd zu sein, das sie sind, umso mehr auch auf ihr Gegenüber eingehen. Und das sind ja immerhin Sie! Stellen Sie sich der Freiheit und den Möglichkeiten, die diese erweiterte Sichtweise Ihnen und Ihrem Pferd einräumt. Das bedeutet bei Meisterung dessen auch, dass Sie gemeinsam neue Horizonte erreichen und neue Möglichkeiten zur Verfügung haben. Sie dürfen kreativ werden. Vielleicht fühlt sich das Dressurteam ja zur Abwechslung auch mal ganz glücklich, wenn es einen Wanderritt meistert oder am Strand entlang donnert? Das Therapiepferd hat plötzlich Lust auf Gymnastizierung und hohe Schule und die Zuchtstute findet Freude am Geritten werden. Was es auch sei, seien Sie offen für Entwicklung und öffnen Sie Ihrem Pferd das Tor zum wahrhaftigen Erleben was es ist: ein vollständiges Pferd, frei von Schubladen.

Sich von falschen Vorstellungen und Zielen lösen

Ziele sind wichtig. Selbst im Leben Ziele zu haben, ist immens wichtig. Es hat eine hohe Bedeutung für unsere Ausrichtung und mitunter auch für unsere Disziplin, Ziele zu haben. Ziele können uns immens motivieren. Sie stehen wie der Leuchtturm für uns am Ende eines gewünschten Weges und leuchten auch dann noch den Weg, wenn es einmal dunkel wird. Für die eigene Orientierung sind sie von un-

schätzbarem Wert. Und sich in dieser Welt orientieren zu können, gibt uns Ruhe, Gelassenheit und Sicherheit.

Ich möchte Sie *nicht* einladen, Ihre Ziele über Bord zu werfen. Doch ich möchte Ihnen helfen, dafür zu sorgen, dass es Ihre eigenen, wohl überlegten und selbst gewählten sind und es selbstachtend immer sein und bleiben sollten.

Wenn wir an Ziele denken, dann sind das die Richtungsanzeiger, in die wir selbstbestimmt unseren Weg gehen wollen. Manche Menschen haben große Ziele, so dass der Weg unaufhörlich, vielleicht ihr gesamtes Leben lang in eine genau definierte Richtung führt. Andere wiederum haben kleine Ziele, die vielleicht schneller und einfacher zu erreichen sind. Durch kleinere Ziele erhalten sich einige von uns die nötige Flexibilität, sich nicht nur auf eine Richtung im Leben festlegen zu müssen, sondern sie können, je nach angestrebten Ziel, mal hierhin, mal dorthin ins Leben schnuppern und dabei unterschiedlichste Erfahrungen sammeln. Diese kleinen Ziele können meist schneller mit einem Erfolgserlebnis versehen werden, so dass sich das Leben durch das Erreichen eines Ziels stetig selbst bestätigt und uns ein gutes Gefühl verleiht. Unsere Selbstachtung steigt, wenn wir unseren Leuchtturm erreichen oder wenn wir etwas geschafft haben, von dem wir nicht dachten, dass wir es erreichen würden. So ist das Fokussieren eines Zieles und das Beschreiten des dazugehörigen Weges immer auch eine Sache, die eng mit dem Selbstbewusstsein verknüpft ist, im Positiven wie im Negativen. Erreichen wir unser Ziel, wird neben unserem Selbstbewusstsein auch das Selbstvertrauen gefördert. Das macht nicht nur Spaß, das tut auch unglaublich gut, da wir an der Erfahrung wachsen und verstärkt an uns glauben.

Wer was wie wählt, ist sicher Typsache. Zumal ich einräumen möchte, dass so mancher für das kleine Ziel eines anderen ein Leben lang Zielstrebigkeit und Disziplin an den Tag legen müsste. Ziele sind also etwas ganz Individuelles, etwas Privates, auf Sie persönlich Zugeschnittenes.

Bestenfalls. Denn allzu oft sind wir konfrontiert mit den Zielen und Leistungen anderer. Wir meinen oder haben gelernt, uns daran orientieren oder messen zu müssen oder vergleichbare Resultate erhalten zu müssen. Mit den Zielen eines anderen können wir uns demzufolge auch wunderbar von unserem eigenen Weg abbringen lassen, sind in Folge dessen irritiert, desorientiert und landen früher oder später in einer Frustration. Das ist dann das Gegenteil eines geklärten Selbsts, das Gegenteil eines geförderten Selbstvertrauens, und die Falltür für das einst so starke Selbstbewusstsein, das uns zuvor noch lichtvoll strahlen ließ. Stück für Stück nimmt das Selbstvertrauen durch falsche, nicht persönlich passende Zielsetzung nach und nach schleichend immer mehr ab, bis wir uns nur noch traurig erleben, deprimiert sind oder uns gar nicht mehr spüren. Was sich als Vorstufe dazu einstellt, ist am Selbst nagender Frust. Und je öfter der Frust bestätigt und getriggert, schlimmer noch, tapfer hinuntergeschluckt und unterdrückt wird, desto mehr gestaute Wut sucht nach einem Ventil und gerät eines Tages außer Kontrolle. Dann sind die angestauten Kräfte so stark, dass sie nicht mehr unterdrückt werden können, ohne körperlichen oder seelischen Schaden zu nehmen oder einen Rundumschlag im Energiesystem durchzuführen. Das reicht dann in alle Lebensbereiche hinein.

Wer den seelischen Schaden rechtzeitig bemerkt, kann Schlimmeres verhindern und selbstachtend das Ruder herumreißen. Dann ist es mit etwas Glück noch aufhaltbar, dass sich Frust und Wut als eine organische Erkrankung im System offen zeigen und nicht mehr wegzupädagogisieren oder schönzureden ist.

Wir machen uns alle hin und wieder etwas vor. Das ist nicht schlimm, und auch kein Geheimnis. Doch für viele von uns scheint es schwierig zu sein, eine Situation, die nur für sie selbst fühl- und wahrnehmbar ist, und noch nicht von anderen offiziell gesichtet werden kann, zu ändern. Wir brauchen noch allzu oft handfeste Gründe, um das Ruder zu bewegen, vor allem, wenn die Veränderungen Mensch oder Tier mit hineinziehen.

Um all diesem entgegenzuwirken, ist es möglich und sinnvoll, rechtzeitig an Zielsetzungen zu arbeiten, die die Seele nähren.

Ich selbst war vor vielen Jahren mit meinem treuen Freund Llano, einem zu der Zeit sechsjährigen, vor Temperament und Kraft nur so strotzenden Araber-Traber-Wallach auf einem Trailseminar. Ich war zu der Zeit eine erfahrene Geländereiterin und mein Pferd traute sich und mir eher zu viel zu, als zu wenig. Er war wendig und ungestüm und liebte die Herausforderung. So absolvierten wir alle Übungen des Trailparcours für das verlängerte Wochenende in nur einer einzigen Stunde des Ankunftstages vor dem Kurs. Das machten wir am mittellangen Zügel, stets in Kontakt zueinander, und mit zu der Zeit einer unglaublichen Freude an unserer eigenen, noch unreflektierten Überheblichkeit. Alles, was wir uns vornahmen, funktionierte. Jeder Gedanke und jeder Plan ließ sich bereits in dem Moment umsetzen, in dem wir ihn gedacht hatten. Wir waren in unserem Element, absolut mit jeder Faser im Jetzt, und Zeit und Raum verblassten, als wir voller Überzeugung über den Parcours donnerten. Die anderen Teilnehmerinnen trauten Ihren Augen kaum. So war doch für die Hängebrücke, das Wasser, die zwanzig Meter lange Engepassage, der dunkle, unterirdische Tunnel jeweils ein halber Tag zum Erklären und Üben für alle Teilnehmerinnen eingeplant worden. Wir konnten also nicht wirklich mehr als Kursteilnehmer glänzen, sondern eher als das demonstrierende Beispiel, wie alles aussehen könne, wenn wir alle am Sonntagabend mit dem Kurs fertig wären. Natürlich schmeichelte mir das am ersten Tag. Das Selbstvertrauen schnappte mir teilweise über, so dass ich es schwer hatte, Ruhe zu bewahren und geerdet zu bleiben.

So weit wie heute war ich damals noch nicht. Statt in demütiger Bescheidenheit zu ruhen, strahlte ich mit meinem Traumpferd im Größenwahn.

Doch schon am zweiten Vormittag schwante mir Übles. Ich erkannte, was Llano und ich mit unserem kleinen Auftritt vor aller Augen angerichtet hatten. Die Folgen für alle vor Ort wurden sichtbar.

Die Kursleitung, ein Ehepaar Mitte Fünfzig, hatte alle Teilnehmerinnen zusammengerufen, damit wir gemeinsam mit einem vorbereitenden Teil starten können. Sie fragten alle Anwesenden, was bis Sonntag ihr Ziel sei. Und was meinen Sie, was geschah? Genau. Alle antworteten dasselbe und nickten einander bestätigend zu, während eine im Kreis wiederkehrend äußerte, dass es ein Traum von ihr sei, am Sonntag genauso selbstverständlich alle Hindernisse des Parcours zu absolvieren, wie Tanja und Llano das gestern nach der Ankunft gemacht hatten. Bam. Das saß. Mir wurde mit einem Schlag klar, was passierte. Sie alle verloren an Selbstbewusstsein, waren demoralisiert und sie trauten es sich kaum zu, das, was nicht einmal mein Ziel war, zu erreichen. Keine von ihnen hatte mehr eigene Ideen, sich vielleicht nur eine oder zwei dieser zum Teil monströsen Hindernisse vorzunehmen, und ein für sie angemessenes Ziel anzustreben. Denn das hätte durchaus gereicht. Alle wollten alles. *Auch* alles. Schließlich hatte es ja eine schon erreicht. So musste es schaffbar sein. Ich selbst traute mich vor Sonntagabend kaum noch, mein wahres, eigenes Ziel zu benennen, denn das, was wir auf dem Parcours taten, war aufgrund unserer ausgiebigen Geländeerfahrung für uns nicht all zu groß. Ich konfrontierte im Alltag schon seit Jahren mein Pferd mit allen Abenteuern, die es in der Natur zu finden gab. Über Gräben springen, durch Seen und Flüsse schwimmen, kaum betretbares Waldgelände zu durchqueren, gefährlich über dicke Holzstapel klettern, Hänge in der nahe gelegenen Sandkuhle mit untergesetzter Hinterhand hinunterrutschen…

Wir hatten Jahre für dieses Vertrauen zueinander gebraucht. Täglich. Und das wollten die Teilnehmerinnen an nur einem Wochenende schaffen!? Das Ziel war für die meisten von ihnen viel zu groß. Und das schreibe ich ganz ohne Wertung. Sie hätten besser daran getan, sich ihre eigenen Ziele zu definieren und dabei auf sich, und vor allem auf die Fähigkeiten ihres Pferdes zu horchen. Dazu hätten sie innehalten müssen und sich nicht am Außen orientieren. Ich selbst wurde von dem Ehepaar mit der einzig wahren, dem Kurs dienliche Rolle bekleidet. Ich wurde zu Co-Assistentin befördert und konnte hier und da mit und ohne Pferd helfen, einzelne Bausteine des Parcours zu erarbeiten. Alle arbeiteten super mit ihren Pferden zusammen! In fast jeder Stunde gab es große, einzelne Erfolgserlebnisse zu verzeichnen, die auf innerer Arbeit beruhten.

Und dann, in der Abschlussbesprechung am Sonntag, kam eine weitere Erleuchtung für meinen zu der Zeit so jugendlich hitzigen Geist. Viele von Ihnen hatten es tatsächlich geschafft, den gesamten Parcours mit leichten Abzügen in der B-Note zu bezwingen. Einige hatten sich auf den Rat des Teams später nur das vorgenommen, was für sie oder für ihr Pferd zu dem Zeitpunkt angemessen schaffbar war. Alle hätten Grund gehabt zur Freude, alle hätten stolz sein können, dass sie an nur so wenigen Tagen so weit gekommen waren. Doch in der Reflexion tauchte es wie ein Schatten immer wieder auf: Sie fühlten sich zwar *eigentlich* gut, aber so richtig zufrieden waren die meisten von ihnen nicht. Ich verstand die Welt nicht mehr. Wie schade, für jede einzelne. Jedes einzelne Hindernis bewältigt zu haben, zudem noch mit Leichtigkeit und Freude, war meines Ermessens angepasst auf sie und ihr Pferd doch so viel! Warum waren sie so unzufrieden, ja fast unglücklich? Das geschah ihnen, weil sie sich haben beeinflussen lassen. Nach meinem Auftritt war die Hängebrücke eben in der Wertigkeit gefallen. Auch alle anderen Hindernisse schienen doch „leicht“ zu sein, so sah es jedenfalls bei dem athletischen Llano aus. Ich bin mir bedauerlicher Weise leider sicher, viele von ihnen hätten an dem Abend sogar ihr Pferd gegen meins getauscht. Die Arbeit, die Llano und ich über Jahre zuvor miteinander hatten, sahen sie nicht. Der Weg, den wir gegangen waren, und der alles andere als immer leicht war, war unsichtbar für sie. Sie wollten mit einem Satz direkt zum Leuchtturm dieses strahlenden Zieles. Sie hatten sich alle selbst der Schönheit und der Hingabe beraubt, die dieser Weg innehatte. Auch ich habe nie zuvor einen Parcours erlebt, auf dem so viel zu entdecken war. Llano und ich waren nur auf jedes einzelne Hindernis so gut vorbereitet gewesen, weil wir über die Jahre die Auseinandersetzung mit der Natur und vor allem miteinander gesucht hatten. Wir hatten uns nie geschont. Wir waren so gut vorbereitet, wie ich es selbst nicht gedacht hätte.

Mein eigenes Ziel habe ich dann lieber zu Hause allein mit Llano weiter verfolgt. Ich wollte auf ihm stehen können, um mit Feuer zu jonglieren. Und am Ende mit ihm durch einen brennenden Reifen springen. Ich bin mir sicher, hätten die Teilnehmerinnen gewusst, was mein Ziel war, dann hätten sie gewusst, dass der Parcours nur ein Teil unserer Wegstrecke ausmachte. Mit Feuer war Llano noch gar nicht vertraut und er hatte auch Angst davor, wenn ich damit neben oder gar auf ihm hantierte. Von diesen Ängsten bekamen die Teilnehmerinnen während des Kurses jedoch nichts zu sehen. Sie sahen nur die Kompetenzen, die wir auf dem Weg schon erobert hatten. Das war unser Weg, nicht das Ziel. Und hätte ich mein Ziel verkündet, hätten nur drei Dinge geschehen können: Die einen wären in ihrem Selbstvertrauen noch weiter gesunken, die anderen wären frustriert gewesen und hätten ihren Zorn still auf mich projiziert (was übrigens leicht zu Unfällen führen kann), und die anderen hätten mich ein für allemal für nicht ganz normal definiert. Alles drei fand ich nicht sehr erstrebenswert. Das einzige, was ich mir für immer hinter die Ohren schrieb war, Menschen und ihre Pferde nie wieder mit Leuchttürmen zu überfordern, die an fremden Ufern stehen. Sie sollten alle die Chance haben, bei sich selbst zu sein, ein ihnen angemessenes Ziel auszusuchen und den Weg dorthin Stück für Stück zu gehen. Mit und ohne Pferd. Ich wollte nie wieder für diese Art Frustration verantwortlich sein und nie wieder andere durch schon vorhandene Kompetenzen (wie gesagt, Llano und ich hatten davor über Jahre so etwas geübt) traurig oder zornig stimmen. Meiner Berufung nach ist es mir ein Bedürfnis, Selbstvertrauen und Bewusstsein zu stärken, nicht zu schmälern. Zudem hatte ich in meiner Biografie natürlich selbst Ähnliches erlebt, wie sie.

Als ich mit meiner Araber-Traber-Stute Peggy als zwölfjähriges Kind meine erste Reitstunde vor Ort genoss, belegte uns der Reitlehrer, der ein großer Dressur- und Springmeister war, mit Aufgaben, die wir aufgrund mangelnder Disziplin und aufgrund Peggys Traber-Anatomie nur sehr schwer umsetzen konnten. Andauernd nörgelte er an uns herum, bis ich die Stunde mutig abbrach und frustriert, in mich gesunken und traurig reitend den Hof verließ.

Diese Ziele passten weder zu dem, was wir konnten, noch zu dem, was wir jemals wollten. Es war eines der gesündesten Momente in unserer gemeinsamen Zeit, dass wir uns mutig und selbstbestimmt für das entschieden, was zu uns passte: unseren ganz eigenen Peggy-Tanja-Weg, und zwar ohne Kompromisse und ohne Umweg. Es war meine erste und letzte Reitstunde. Danach beschloss ich, von nun an nicht mehr auf Menschen zu hören, die mir etwas über Pferde diktierten, was ich gar nicht wollte, sondern nur noch von Pferden direkt zu lernen und zwar direkt während des Tuns. Das Band, das Peggy und ich an dem Tag schlossen, konnte durch nichts und niemanden je mehr getrennt werden. Unser Ziel hieß Freiheit. Unsere tägliche Begegnung war der Weg dahin. Ganz individuell. Schlicht, von außen kaum zu definieren. Für uns war es das Größte – und das Einzige, was in Frage kam. Aufgaben, die Freiheit zu erreichen kamen wie von selbst im Leben auf uns zu. Mit unserem Leuchtturm am Ende des Weges konnten wir immer gemeinsam definieren, welche Übungen und Aktivitäten, welche Abenteuer der Freiheit dienten und welche nicht. Letztere ließen wir schon bald einfach weg. Egal, wie das jemand fand, bewertete oder einschätzte. Wir taten das, was sich gut anfühlte und für uns funktionierte vermehrt, alles andere ließen wir weg. So lange, bis sich alles nur noch gut anfühlte.

Tipps für die Umsetzung:

Nehmen Sie sich wieder Zettel und Stift zur Hand und notieren Sie sich Ihre Antworten auf folgende Fragen:

» Als Sie das erste Mal ein Pferd mit seinem Halter oder Reiter sahen und sich beeindruckt fühlten: was war die Situation, was sie von dem, was sie wahrnahmen, *auch* haben wollten?

» Warum wollten Sie gerade das anstreben, zu haben? Was hatten Pferd, Halter oder Reiter, was Sie bewegt oder berührt hat?

» Hatten Sie jemals Reitstunden? Welche Ziele wurden Ihnen oder dem Pferd einfach übergehängt als selbstverständlich?

» Gab es innere Ziele, wie sich etwas anfühlen sollte?

» Sollten Sie alles genau so machen, wie andere im Unterricht?

» Gab es individuelle Unterschiede?

» Fühlten Sie sich damit oder mit den allgemeinen Zielen wohl?

» Wurde auf die Befindlichkeit des Pferdes geachtet?

» Wurden Pausen während des Reitens gemacht, um das Pferd zu harmonisieren oder zu loben?

» Wie gaben Sie dem Pferd Gewissheit, dass das, was sie gerade gemeinsam absolviert oder durchgestanden haben, so gut war? Oder ging es gleich weiter zur nächsten Lektion?

» Wurde an Inhalten gearbeitet, so dass das Pferd nach Absolvieren des Inhaltes frei bekam oder gar Wellness wie Streicheln oder Massage? Oder wurde nach Zeitplan einfach weitergemacht, weil am Ende der Lektion noch so viel Stunde über war?

» Wenn Sie sich heute ein für sich maßgeschneidertes Ziel aussuchen dürften, was wäre das?

» Passte dieses Ziel auch zu Ihrem (zur Verfügung stehenden) Pferd?

» Wie motivieren Sie Ihr Pferd dazu?

» Haben Sie jemals einen eigenen Impuls eines Pferdes vernommen, was es gerne tun oder anders machen wollen würde? Konnten Sie darauf eingehen? Warum – oder warum nicht?

Wenn Sie das durchgearbeitet haben, möchte ich Sie bitten, sich einen Moment Zeit zu nehmen. Wahrscheinlich befördert diese Auseinandersetzung mit der Vergangenheit zumindest hier und da eine Gefühlsverwirrung, Frust oder Wut zutage. Falls das gerade geschieht, gratuliere ich Ihnen, denn das ist ein wichtiger Schritt auf dem Weg zur inneren Klarheit. Verzeihen Sie sich dafür, noch nicht ganz zu sich oder zu Ihrem Pferd gestanden zu haben. Hätten Sie es zu der Zeit anders gewusst oder gekonnt, ich bin mir sicher, sie hätten es getan! Wir sind so oft so jung mit Pferden und dem Wunsch zu Reiten konfrontiert, dass es ganz natürlich ist, noch nicht als bewusster, selbstbestimmter Jugendlicher oder Erwachsener handeln zu können. Das ist eine Lektion für Menschen, die sich aus der alten Haut zu schälen bereit sind, und schon diverse Erfahrungen und Dinge hinter sich haben. Wir können das Licht erst sehen, wenn wir den Schatten beginnen zu begreifen. Ab dem Punkt finden wir unsere eigene Grenze und unseren Standpunkt. Und dazu können wir erst stehen, wenn wir genügend Abstand zu den Situationen und ein gewisses Maß an Reife und Übersicht haben. Sich an den Aufgaben und Zielen anderer zu orientieren ist zu Beginn des Lebens ganz normal. Natürlich ist es dann, diesen Entwicklungsstand eines Tages zu verlassen und Vorgefertigtes hinter sich zu lassen. Zu manchem Menschen passen die Vorschläge zum Beispiel von guten Trainern sehr gut. Diese anzunehmen, zu übernehmen oder beizubehalten, ist nicht nur in Ordnung, sondern kann richtig sein, wenn es für Pferd und Halter stimmt. Doch gestatten Sie sich die Mündigkeit, zu entscheiden, falls dem nicht so ist und fällen Sie eine neue Entscheidung. Eine, die Ihre eigene ist und die zu Ihnen und Ihrem Pferd in der Gegenwart passt. Die Seele möchte sich erweitern, wenn es so weit ist. Wann der Punkt ist, entscheiden Sie ganz persönlich anhand Ihres persönlichen Wohlgefühls und orientiert am Wohl Ihres Pferdes.

Sich eine Bewusstseinserweiterung gestatten

Es gibt Menschen, die sich viel damit beschäftigen, was richtig ist. Andere haben als Präferenz die Moral oder die Ethik. Wieder andere folgen ausschließlich der Weisung, die sie von jemandem bekommen haben. Andere gehen nur dort entlang, wo noch niemand gegangen ist. Es gibt Menschen, die bewiesenermaßen gut damit fahren, fröhlich und oberflächlich durch das Leben zu gehen. Andere lieben den

Tiefgang, mit dessen Hilfe sie jeden einzelnen Lebensimpuls zur persönlichen Weiterentwicklung nutzen, bis hin zur bedeutungsschweren, manchmal kräftezehrenden und

sinnschwangeren Ausschlachtung, absolut selbstgewählt und freiwillig. Und nichts davon ist verwerflich. Jeder darf im Grunde tun und lassen, was er möchte, und dabei sein, wie und was er ist. Alle Menschen haben mit allen Wegen im Grunde dieselbe Achtung, denselben Respekt und somit die gleiche Gültigkeit verdient. Niemand muss sich beweisen und keiner steht im Kreuzverhör, warum er eigentlich so ist, wie er ist. So lange er alleine ist oder niemandes Grenzen kreuzt oder zu ändern versucht.

Doch ab dem Moment, ab dem unser Verhalten auf das eines anderen trifft, gibt es Unterschiedlichkeiten, Reibung und Konfliktpotenzial. So lange wir mit unserem So-Sein gegeneinander in Konkurrenz treten, als ob es am Ende einen Sieger für die beste Strategie gäbe, laufen wir Gefahr, dass eine stark bewertende Dynamik entsteht, die zumindest einem von beiden nicht gut tut und letztendlich beide viel mehr Kraft kostet, als Nutzen bringt.

Die Konkurrenz als typisches Raubtierverhalten ist also das, was wir im Auge behalten sollten. Immer, wenn Konkurrenz entsteht, hat in uns die Rechthaberei, die Gier danach, der Richtigere sein zu wollen, das größte Stück vom Kuchen abzubekommen, unmerklich zugeschlagen. Oder wir stehen aus Angst unter Druck, weil wir befürchten, etwas bereits Erworbenes zu verlieren. Jeder, der in diesem in uns Menschen tief verankerten Wettkampf steht, sei es zwischen richtig oder falsch, gut oder schlecht, lieb oder böse, der befindet sich letztendlich in einer Art Kampf, der in alle Lebensbereiche einziehen kann. Und den wiederum möchte im Grunde niemand.

Wer aus der dann folgenden energetischen Abwärtsspirale des Rechthabens, Richtigseins, der Nörgelei aneinander, dem Sezieren der Unterschiede nicht heraus findet, wird früher oder später kühl, hart und erschöpft meist sich und andere. Frust stellt sich ein, weil wichtige Lebenskräfte in einem Bereich verbraucht werden, in dem es gar nicht nötig wäre. Aus diesem Frust heraus sind nicht wirklich erstrebenswerte Resultate hervorzubringen, die uns tief innen zufrieden sein lassen könnten. Ist das erst einmal eine Gewohnheit, finden wir Menschen das in bedenklicher Weise sogar „normal" und das Verhalten festigt sich. Gesellschaftlich ist es hoch anerkannt, richtig zu liegen oder Recht zu haben. Doch oft scheint es so, als könne richtig und falsch an der Quantität anstatt an der Qualität abgelesen werden. Nur weil sich beispielsweise in einem Hörsaal bei einer Umfrage nach einer tiermedizinischen Vorlesung vielleicht neunzig Prozent der Studenten entscheiden, bei „ja" ihre Hand zu heben und damit ihre Stimme abzugeben, für etwas, das damit als richtig eingestuft werden würde, lägen ja die zehn Prozent, die sich für „nein" entscheiden, gar nicht unbedingt falsch.

Nehmen wir uns zum Beispiel zweifelhafte Themen wie den Einsatz von Ammenstuten oder Embryotransfer vor, kann es ebenso gut sein, dass jene, die mit „nein" gestimmt haben, letztendlich zwar eine kleine Gruppe sind, aber dennoch nicht Unrecht haben. Und ebenso ist ein lautes und durchsetzungsstarkes Verhalten weder richtiger, noch besser oder angemessener, als leiser und in sich ruhend oder zurückhaltend. Stark verdient nicht mehr Respekt als schwach. Noch keinen Standpunkt zu etwas zu haben ist nicht schlimm, vielleicht sogar vorerst klug, und mit einem Standpunkt lauthals voran zu preschen, ist nicht folgerichtig besser. An dieser Stelle neigen wir Menschen sehr leicht dazu, uns in raubtierischen Energien und Dynamiken zu vertüdeln. Später, im Spinnennetz der Irrtümer und Täuschungen, sind wir dann gefangen, bis uns entweder jemand rettet oder eine heilsam Enttäuschung auf allen Ebenen uns aus unserer Illusion befreit. Wem das schon einmal geschehen ist, der weiß, wie gut es sich später anfühlt, wenn man von seinem Höhenflug im wahrsten Sinne des Wortes wieder runterkommt und wieder echten Boden unter den Füßen hat. Die einen müssen ihren Größenwahn überwinden, die anderen die Unsicherheit.

An diesem Beispiel ist einfach abzulesen, dass wir – und das bezieht sich auf unseren kompletten Lebenskontext – gut daran täten, stets die Andersartigkeit eines Gegenübers als Vervollständigung dessen sehen zu können, was wir selbst nicht haben oder sind. Gemeinsam ist man dann ein sich gegenseitig bereicherndes Ganzes.

So gesehen, könnte jede Andersartigkeit, jeder andere Weg, jede neue, sichtbar werdende Möglichkeit, eine Bereicherung darstellen. Wenn wir es doch nur aushielten, nicht immer recht haben zu müssen, richtig oder sogar richtiger zu liegen, als andere, oder einfach dem anderen Respekt und Achtung für sein Anderssein zu zollen. Das dann ganz ohne auf einen Vorteil zu bestehen, nur um uns in Sicherheit zu wiegen. Das, was dabei entstehen würde, wäre das Ablegen unseres tief verwurzelten Raubtiergehabes und ein umgängliches, schönes, soziales Miteinander, orientiert an Erfüllung und Vervollkommnung durch die Seiten des Gegenübers, könnte entstehen. Mit gegenseitiger Ernstnahme, Achtung, Respekt und vertrauenswürdiger Offenheit.

Das genau ist der Punkt, an dem ich als Gegenüber, als Lebens- und Kommunikationspartner, als Freund, das Pferd in diesen wichtigen Kontext einbeziehe. Auch Pferde haben ihr persönliches, ganz spezielles So-Sein. Einige von ihnen haben ein wahrlich unbeschreiblich tief gehendes, instinktives Bewusstsein und dadurch eine gefestigte Intuition, auf die sie sich einfach verlassen. Andere nicht. Einige sind emotional hitzig, andere abgegrenzt, kühl, und schwer zu beeindrucken.

Einige verhalten sich naturgemäß grob, andere sind ganz fein. Einige wollen sich in einer Herde unbedingt unter Beweis stellen, andere sind froh, wenn sie gerade das nicht müssen. Die Natur hat das geschickt eingerichtet, denn den Anführer gäbe es ohne den Folgenden nicht, und anders herum. Das ist übrigens auch der Punkt, warum es manchen Pferden in zu kleinen Gruppen nicht gut geht. Es fehlt ganz einfach an den potenzial- und kompetenzergänzenden Individuen, deren Präsenz ermöglicht, sich auf einen Bereich, möglichst den des eigenen So-Seins, einzupendeln, und darüber hinaus nicht alle Herausforderungen des Lebens selbst meistern zu müssen. Pferdeherden sind strukturierte Netzwerke, in denen jedes Individuum seinen Platz hat, sofern es eine natürlich gewachsene und unter natürlichen Umständen lebende Herde ist. Konkurrenz ist dadurch nicht nur unnötig, sondern schwächt das gesamte, harmonisch aufeinander abgestimmte, gewachsene Netzwerk.

Wenn zwei Lebewesen wie Mensch und Pferd sich treffen, sich zusammen tun, oder der eine sich den anderen „kauft", dann haben im Grunde alle Menschen zu dem Zeitpunkt dasselbe Grob-Ziel mit ihrem Pferd im Sinn. Mit der Kaufentscheidung haben sie einen Leuchtturm gesetzt, der von diesem Moment an für beide gelten soll. Das Pferd soll ihr Leben bereichern und es soll sich gut anfühlen, ein Pferd zu haben. Es soll das Leben bereichern. Die Tätigkeitsfelder können mit einer beliebig langen Liste an Möglichkeiten aufgezählt werden, die die beiden nun miteinander erfahren und entfalten *könnten*. Der Inhalt der Beziehung, ihr Beleben, bleibt jedem einzelnen Menschen im Grunde selbst überlassen. Er fällt seine Entscheidung, meist nach seinen innersten Wünschen, Vorzügen, Möglichkeiten oder nach seinem Belieben. Und genau deshalb sollten wir uns bewusst machen, wie viel Einfluss wir auf unsere Pferde nehmen, sie versuchen zu ändern oder unseren Sehnsüchten gemäß anzupassen oder zu manipulieren. Wir prägen und erziehen, wir gehen bewertend mit ihnen um, wir konditionieren, wir erschaffen Muster für die Pferde, in die sie sich fügen sollen und wir merzen in ihrem Verhalten aus, was wir nicht wollen. Das Pferd soll dabei im Grunde nicht nur unsere sehnlichsten Wünsche erfüllen, sondern es soll uns etwas in uns er-füllen, Bedürfnisse stillen, die wir augenscheinlich allein uns nicht zu erfüllen im Stande sehen. Das bedeutet praktisch, wir unterdrücken (ohne böse Absicht) die Antworten auf unsere Fragen und Handlungen von Seiten unseres lebendigen Gegenübers, jedenfalls die, die uns persönlich nicht gefallen. Bei manchen Pferd-Mensch-Kombinationen geschieht das so vehement, dass die Pferde sich eines Tages entweder nicht mehr trauen, ihrer natürlichen, instinktiven Antwort gemäß zu handeln oder sie ergeben sich einfach dem Raubtier in uns, um keinen Stress zu erleiden. Denn durch Stress werden Pferde sehr viel schneller krank, als wir.

Das menschliche Verhalten entspricht, so lange dieser Vorgang unbewusst und unreflektiert geschieht, keinem sehr hohen Bewusstsein. Korrekturen und Sanktionierungen schmälern unsere Pferde im Ganzen, nicht nur das situationsorientierte Verhalten. Das gesamte Wesen des Pferdes wird von uns in seiner Vollständigkeit begrenzt. Das hilft ihnen kaum, sich fortzuentwickeln.

Bis heute habe ich sehr viele Pferdehalter mit ihren Pferden kennen lernen dürfen. Einige von ihnen sind in meinem Coaching: einer Art ganzheitlicher, artgerechter, fairer Umgangs- und Trainingsbetreuung auf den Stützpfeilern natürlichen Daseins beider.

Auf meine einleitende Frage im Coaching, was die Teilnehmerinnen thematisch heute im Training machen wollen, kommen die wenigsten Menschen anfangs darauf zu antworten: „Das, was mein Pferd gerne möchte," oder „Das, was meinem Pferd entsprechend dran ist." Das ging mir übrigens auch einst so. Im Verlauf des Coachings kommen die Menschen dann immer mehr darauf, die Situation ihres Pferdes mit in die Planung und Ausrichtung der Stunde einzubeziehen. Diese Menschen befinden sich dann schon im Wandel vom Raubtier zum Partner und werden bewusster, was das zentrale Ziel des Coachings ist. In diesem bewussten Denken und Handeln ist dann der Kern bewussten Daseins zu erleben. Der „ganze" Mensch hat sich dazu entschieden, sich seinem Pferd partnerschaftlich, nicht diktatorisch, öffnen zu wollen, so dass es ab jetzt stets fünfzig Prozent Mitspracherecht hat. Wenn das geschehen und dieser Punkt erreicht ist, feiern wir das Erreichen des ersten Leuchtturms. Denn ab diesem Moment können beide sich wahrhaftig entwickeln, ohne dass einer von beiden begrenzt, gedemütigt oder benutzt werden wird.

Den Kern wahrhaftigen Bewusstseins erkennen wir stets nur im Handeln.

Ist man sich der Zusammenhänge erst einmal bewusst geworden, und erlangt mehr und mehr Verständnis, ist es ab dem Zeitpunkt kaum mehr möglich, gegen sein Pferd zu handeln. Schon nach kurzer Bewusstwerdung stellt sich Erfolg ein, da das Ziel jetzt vor allem ein inneres Ziel, ein Gefühlsziel ist. Die Handlung, zum Beispiel das positive Absolvieren eines Trailparcours, lässt sich dann von außen als Resultat dessen erkennen, ist aber nicht das Ziel im eigentlichen Sinne. Wer den Bewusstseinssprung schafft, im Sinne des Pferdes, wird es von nun an mit seinem Pferd immer leichter haben, da es nicht mehr darum geht, sich durchzusetzen, recht zu haben oder Macht zu demonstrieren. Das gesamte Machtkonstrukt bricht einfach zusammen und spielt keine weitere Rolle mehr. Ohne Zwang, Druck und übertriebene Anstrengung kann einfach miteinander, statt nur für den einen gehandelt werden. Verbünden sich die Kräfte mit denen unseres Pferdes, und begeistern sich beide für dieselbe Sache, ist es ein leichtes, einen solchen Parcours oder ähnliches zu absolvieren. Ein durch Freiwilligkeit und Harmonie sich auszeichnender Frieden ist das, was die beiden in dem Moment, in dem es drauf ankommt, zu einem einzigen, motivierten Wesen verschmelzen lässt. Unser Denken, Handeln und Fühlen reiht sich ganz von allein ein, wenn unser Bewusstsein Vorrang in uns einnimmt. Die Partnerschaft zum Pferd wird sich grundlegend wandeln und spiegelt sich in einfacher Direktheit zurück. Statt heiliger Kuh bekommen wir ein heiliges Pferd: in sich heil und durch seine ihm gestattete Vollkommenheit vor Ausdruck strahlend. Solch ein Pferd kann all seine Kompetenzen nutzen und sich von seinem dadurch glücklichen Halter bestärkt fühlen, statt beschränkt oder beschnitten. Es wird Lust bekommen, sich immer mehr Neues zuzutrauen. Es wird Freude daran haben, neue Ufer zu erreichen. Und die Wahrscheinlichkeit ist hoch, dass Ziele erreicht werden können und Abenteuer leichter gelingen als je zuvor, da wir uns von nun an auf ein selbstbewusstes Gegenüber verlassen können, das uns auf allen Ebenen „trägt“.

Tragen wir zu Harmonie, Selbstvertrauen und Frieden bei, geben Struktur und Halt, trägt uns unser Pferd gerne in das Glück, soweit es dies schon vermag.

Das klingt alles so logisch, schön und einfach, doch um in ein gesteigertes Bewusstsein zu gelangen, müssen wir Menschen unsere Lektionen ernst nehmen und unsere Hausaufgaben diesbezüglich gewissenhaft erledigen, die uns ansonsten immer wieder in die Falle unseres Raubtierdaseins zurückziehen. Dieses Buch ist dafür geschrieben worden. Zum Teil ist das harte Arbeit, sich zu erweitern, denn dafür ist die Voraussetzung, dass wir aktiv und bewusst einlenken und „Frieden machen“. Um Frieden zu machen, müssen wir den inneren Kampf und damit die Konkurrenz aufdecken. Den Kampf, der sich gegen andere richtet, und vor allem den Kampf gegenüber uns selbst. Wir dürfen erkennen, dass jedes Geschöpf in sich vollkommen ist und dürfen lernen, diese stete Vollkommenheit anzuerkennen und zu fördern. Auch unsere eigene. Wir müssen in uns selbst und in unserer Vergangenheit aufräumen, denn erst dann ist es möglich, dass etwas Neues entsteht – frei von den alten Spurrinnen. Um in der Vergangenheit Frieden zu machen, braucht es im Grunde nicht viel, denn der Frieden ist nur eine Entscheidung weit weg. Wenn wir uns entscheiden, allem Vergangenem zu verzeihen und uns aus den Schicksalsfäden zu lösen, in denen wir uns ansonsten stetig wieder neu verstricken, dann sind es die darauf folgenden veränderten Handlungen, an denen wir sehen, ob und wie weit die eigene Bewusstwerdung uns in der Tiefe schon gelungen ist. Wir dürfen unsere Gegenwart neu selbst füllen mit dem, was wir uns wünschen. Wir dürfen Dingen absagen, die wir ab heute so nicht mehr oder vielleicht sogar nie wieder wollen. Wir beginnen, das kämpferische Ego zu zähmen, und räumen allen anderen ein, auch Rechte zu haben und so richtig zu sein, wie sie sind. Wir lassen unsere Pferde, wie sie sind, und wir hören auf, aus ihnen ein anderes machen zu wollen, als es ist. Wir können aufhören, uns mit anderen Pferden und Pferdehaltern zu messen, um beweisen zu wollen, dass wir die Besten sind oder über eigenen, vielleicht besonderen Wert verfügen. Wir können aufhören, Ziele zu verfolgen, die vielleicht nie unsere eigenen waren.

Wenn wir so, wie unsere Pferde sind, mit ihnen nicht zusammen passen, sind wir vielleicht nicht die richtigen Partner füreinander. Dann dürfen wir uns trennen und nach einem passenderen Partner Ausschau halten, nach einem, der zu unserer Chemie passt. Daran ist nichts verwerflich, zumal sich Ausrichtungen und Ziele von Menschen mit steigender Bewusstheit im Leben auch ändern können.

Gemeinsam dürfen wir mit unserem Pferd mit Freude tun, wonach uns ist. Das ist dann sogleich der Schritt in eine bewusstere, positivere Zukunft. Wie oben schon erwähnt, Frieden machen ist harte Arbeit. Denn auch, wenn wir uns binnen einer Sekunde dafür entscheiden können, Frieden zu wollen, entspricht das oft nicht dem, was wir gelernt haben oder schon praktisch umsetzen können. Und alles Gelernte, vor allem das, gegen das wir uns innerlich sträuben, ist ziemlich hartnäckig aus dem eigenen Verhaltenskontext auszumerzen.

Ich selbst verbringe schon viele Jahre mit dieser meisterhaften Aufgabe und übe stetig. Und auch ich habe noch immer kleine und manchmal auch große Rückschläge. Das gehört dazu. Manchmal geschieht das, weil ich nicht ganz ausgeruht bin, manchmal bin ich zu schnell für mein Pferd, manchmal *will* ich eben doch gerade etwas und ich erkenne daran, dass das Ego sich wieder einmal durchsetzen will und noch immer nicht ganz gezähmt ist. Manchmal bin ich darüber frustriert, manchmal sauer. Doch mir ist klar geworden, mit Druck erzwinge ich weder mir noch meinem Pferd ein nachhaltig besseres Resultat ab. So trage ich diese Momente mit Fassung und nehme den neuen sich zeigenden Anlass zum Innehalten und Lernen.

Das, was es zu lernen gilt, ist und bleibt, dass wir Lernende sind. Ein Leben lang.

Seien Sie also gemäßigt, nachsichtig und aufrichtig freundlich zu sich, wenn es zu Anfang nicht alles gleich funktioniert. Bewusster zu werden ist ein Weg, kein Ziel! Die Absicht ist das, was wie der Leuchtturm auch im Dunkeln immer wieder den Weg weist und Stein für Stein diesen Weg ausmacht. Fertig? Werden wir nicht. Aber besser, als wir heute sind, kann jeder von uns anstreben und werden. Mit einem Ziel, dass zu jedem einzelnen von uns passt.

Welches Ziel das persönlich ist? Das wissen nur Sie!

Veränderungen im Jetzt zulassen

Es kann sein, dass Sie sich schon längst auf dem Weg befinden, den ich Ihnen hier vorschlage. Ich freue mich darüber und bitte Sie, aus diesem pferdefreundlichen und Partnerschaft achtenden Weg im Sinne des Pferdes keinen Hehl zu machen. Treten Sie selbstbewusst mit Ihrem Pferd in der Öffentlichkeit Ihres Lebensbereiches auf und leben Sie, was Sie fühlen. Lassen Sie andere sehen, wie es auch gehen kann, ohne sich dabei in eine besondere Rolle drängen zu lassen, die Ihnen

Druck macht. Seien Sie einfach Sie selbst und versuchen, sich stets natürlich und weiterhin bodenständig zu verhalten.

Für die, für die dieser Weg noch Neuland ist: Machen Sie sich keinen Stress, versuchen Sie nicht, perfekt zu sein und vor allem, versuchen Sie niemanden zu belehren oder zu bekehren, das weckt nur Widerstand im Gegenüber. Leben Sie einfach vor, dass Sie sich für das eigene Wohl und das Ihres Pferdes entschieden haben und dementsprechend das eine oder andere zu wandeln bereit sind. Lassen Sie der Wandlung Zeit und probieren Sie unterschiedliche Facetten des gemeinsamen Daseins aus, wie Sie und Ihr Pferd nach einer Neuorientierung und Bewusstwerdung miteinander umgehen und handeln könnten. Gönnen Sie sich eine Experimentierphase, in der Sie sich gestatten, Methoden auszuprobieren, die vielleicht schlussendlich doch wieder über Bord geworfen werden. Es braucht Zeit, eine zur Chemie des Teams passende Methode zu entwickeln, mit der beide Seiten des Seils gleich einverstanden sind und die parallel dazu frei von Druck und Erwartungshaltung ist. Je mehr Sie natürlich mit einer methodischen Umsetzung im Fluss sind, desto leichter wird alles und desto mehr werden Sie beide strahlen. Und das ist es, was für Betrachter im Außen ein erstrebenswertes Ziel werden kann und zur Nachahmung anregt.

Mich persönlich hat eines Tages ein junges Mädchen auf einer fantastischen Hannoveranerstute nachhaltig beeindruckt. Nachdem ich auf einem Turnier anwesend war und auf dem Abreiteplatz allerhand Unschönes gesehen hatte, ging ich hinüber zum Turnierplatz und sah bei einer L-Spring-Prüfung zu. Ein zartes Mädchen saß auf dem kräftigen Pferderücken, wohl kaum durch Körperkraft in der Lage, diese feurige, mit Energie geladene Stute zu managen, falls diese sich gegen sie stellen würde. Die beiden strahlten auf eine gewisse Art und Weise eine Einheit aus. Ein Strahlen, das anderen Teilnehmerinnen nicht verborgen blieb, den meisten unter ihnen jedoch eher fremd war. Sie beide ritten den Parcours anfangs ohne einen einzigen Fehler und flogen über die Hindernisse. Dann kam ein Hindernis, vor dem die Stute verweigerte. In einem schönen Stil ritt die junge Frau erst dieses noch einmal und dann das nächste Hindernis an. Die Stute sprang beherzt hinüber. Sofort danach stoppte die junge Frau das Pferd, lobte ihre Stute freudvoll, ritt vor die Richter, verneigte sich und verabschiedete sich. Ganz ohne Drama. Auf die spätere Frage, warum sie nicht weiter geritten war, antwortete die Reiterin, sie hätte gespürt, dass das Springen ihrem Pferd heute überhaupt keinen Spaß machte. Sie wäre rossig, was sich deutlich auf die Nerven auswirkte und der gesamte Rücken erschien angespannter und härter als gewöhnlich. Sie wolle Spaß haben mit ihrem Pferd, und sie vernahm, der Stute macht das heute überhaupt keinen Spaß. Also ritten Sie wie selbstverständlich vom Platz und waren sich nicht zu schade, einfach abzubrechen. Abseits vom Platz lobte sie ihr Pferd ausgiebig, sattelte ab, fütterte sie und sorgte für Entspannung. Es kamen Menschen zu der jungen Frau, um ihren Unmut über dieses scheinbare zu korrigierende Fehlverhalten ihrerseits und das der sehr talentierten Stute zu äußern. Doch die Reiterin schmunzelte nur und ließ sie ohne sich zu rechtfertigen spüren, dass sie sich für ihr Pferd entschieden hatte, nicht für Regeln, die nicht zu ihnen beiden passten. Und schon gar nicht für die von ihr geforderte Gewalt, der Stute jetzt mal richtig zu zeigen, wo es lang ginge, damit sie nächstes Mal gleich alle Hindernisse ohne Verweigern nehmen würde. Sie verlud ihr Pferd nach einer Weile. Sie fuhren entspannt nach Hause und leiteten eine Turnierpause ein.

Was für ein Mut. Sich gegen so viele bewertende und urteilende Menschen mit ihren raubtierischen Augenblicken und ihren projizierenden Erwartungen zu stellen, und dabei die Souveränität zu behalten, das Natürlichste zu tun, was es gibt: im Jetzt auf seinen Bauch zu hören. Jahre später erzählte mir die Frau, mit der ich mittlerweile zusammen arbeitete, dass es sowieso keinen Sinn gehabt hätte, sich gegen diese Stute zu stellen, wenn es dieser nicht gut ginge. Sie würde am Boden und im Sattel tagelange Nachteile davon haben, wenn sie sich dominant oder rabiat bei diesem Pferd durchsetzen würde und sie hätten danach Wochen gebraucht, um zu dem alten Vertrauensverhältnis zurückzukehren, wenn das überhaupt jemals wieder vollendet in dieser Form gelungen wäre. Sie sah es als großes Zugeständnis, von dieser Stute die Erlaubnis zu bekommen, überhaupt auf ihren empfindlichen Rücken zu steigen. Niemandem sonst war das jemals gelungen. Sie wäre das sensibelste Pferd, das diese Frau, die schon viele Pferde kennengelernt hatte, jemals geritten hätte, und es wäre ein viel zu großer Preis, diese besondere Beziehung zu gefährden. Sie musste im Jetzt mitten auf dem Parcours im Sinne der Stute handeln, um sich und ihr treu zu bleiben. Das war noch Jahre später das wichtigste Ziel der beiden. Kein äußeres Ziel konnte so verlockend sein, um den inneren bereits erworbenen Schatz zu gefährden. War das zu verstehen? Auf dem Turnier verstanden das nur die Wenigsten. Auf Turnieren wurden die beiden danach nie wieder gesehen. Sie kalibrierten nach dieser Erfahrung ihre Ziele neu, richteten sich neu daran aus und lebten eine lange Zeit ein schönes, partnerschaftliches, inhaltlich gefülltes Leben, mit allem, was sich ihnen bot, so lange es zu ihrer beider Tagesform passte. Sie ließ die Veränderung von der Turnierreiterin zur Freizeitreiterin zu und bereute es nicht einen einzigen Tag. Die Vorbereitungen für die Turniere hatten der Frau besonders mit dieser Stute früher immer viel Spaß gemacht, und die Turniere selbst auch. Und an dem Tag, an dem die Stute zeigte, dass es nun reichte, hatte diese ihre Halterin sofort auf ihrer Seite. Sie trauerte den Erfolgen ganz menschlich noch etwas nach und legte ihre Erwartungshaltung der Stute und sich selbst gegenüber einfach ab. Zusammen begingen sie Neuland. Andere Reiter hätten sich vielleicht durchgesetzt oder sich ein wieder einmal zu den Zielen passenderes Pferd angeschafft. Doch dieser Frau ging es nicht um den reiterlichen Erfolg, sondern um *dieses* Pferd und die gemeinsame Zeit. Daran gab es nichts zu rütteln. Sie ließen sich nach einer kleinen Schaffenspause bewusst aufeinander ein und gestalteten ihr Zusammensein neu. Beide waren damit zufrieden und konnten gemeinsam noch Dinge miteinander erschließen, die mehr dem Inneren zugeordnet waren, als dem im Außen Sichtbaren. Heute ist die Frau eine fantastische Pferdefrau – genau wie sie damals in dem Moment als Mädchen schon war, als sie sich auf dem Parcours voll und ganz auf die Bedürfnisse ihres grandiosen Pferdes einließ und couragiert und ohne Zweifel danach handelte. An dem Ort konnte die Größe dessen, was die junge Frau von einem auf den anderen Moment entschied, in dem besagten Moment kaum jemand fassen, weil es noch so ungewöhnlich war. Doch das war es: die wahre Größe eines Menschen, der für sich und sein Pferd einstand – egal, was jemand davon hielt.

Diese beschriebene Größe entfalten wir nur, wenn wir im Jetzt sind und ohne Umweg bereit sind, uns dem, was sich im Moment im Leben zeigt, neu und offen zu stellen. Um auf immer neue Antworten kommen zu können, müssen wir weich, beweglich, flexibel und kreativ sein. Was wir dafür brauchen ist Stress-, Angst-, Zwang- und Druckfreiheit. Diese innere Beweglichkeit ist die Freiheit, die wir uns erschließen und bewahren sollten. Dann sind wir in unserer Mitte. Frei.

Ohne die Beweglichkeit im Geiste oder in den Emotionen fällt es schwer, von einem einmal gemachten Plan Abstand zu nehmen und sich ganz neu auf etwas einzulassen. Dabei betrifft das oft zudem noch Momente, die uns herausfordern und vielleicht zeitweilig überfordern. Wie schon beschrieben, ist es unser Verstand, der versucht, uns Lösungen für Situationen anzubieten, die sich bewährt haben. Das sind tief abgespeicherte Erfahrungen aus unserer Vergangenheit, die sich auf diese Weise immer und immer wieder wiederholen und sich damit festigen und sich selbst bestätigen, so lange wir diesen Vorgang nicht bewusst unterbrechen, um einen anderen Weg einzuschlagen. Was wir als Mittel dafür brauchen, ist vor allem unsere innere Ausrichtung. Wir müssen uns unserer Prioritäten bewusst werden und ihnen eventuell eine zu uns passende Rangfolge zuschreiben. Nur, wer von sich weiß, wer er ist, was er von sich will, was er von sich verlangt, vor allem, wenn Situationen kritisch und Gefühle unsicher werden, kann ohne nachzudenken auf die Intuition vertrauen und ist dadurch in der Lage, sofort und unmittelbar zu handeln. Dafür bedarf es vor allem der Fähigkeit, sich selbst treu zu bleiben und keine Angst vor Kritik und vor äußeren Einflüssen zu haben. Selbstehrliche Entscheidungen zu fällen, auch wenn diese eventuell genau das Gegenteil von dem sind, was man selbst vielleicht gestern entschieden und vertreten hätte, ist eine große Kunst. Entscheidungen sicher zu fällen, auch wenn diese in ihrer Ausführung für kulturell oder gesellschaftlich nicht anerkannt oder einfach für die Betrachter nicht üblich sind, schneiden eine lichtvolle Schneise in die Gewöhnlichkeit des gewohnten Alltags.

Das Gestern ist schon vergangen. Das gestrige Ereignis gehört der Vergangenheit an und braucht, wenn die dazugehörige Entscheidung gestern aus vollem Herzen mit größtmöglicher getragener Verantwortung ins Handeln übertragen wurde, heute weder kritisiert, noch überdacht zu werden. Gestern braucht kein Ballast für heute zu sein. Erneut bei jeder Begegnung seinem vollständigen Gefühl gemäß zu handeln ist die Verantwortung und die Herausforderung von heute. Dies kann sich unter Umständen ganz anders zeigen, als gestern, und ganz anders, als das Umfeld von uns gewohnt ist.

Ich selbst habe, während ich noch einen Therapiehof mit Pensionsstall führte, mit meiner auf Intuition aufgebauten Flexibilität mein menschliches Umfeld geradezu verwirrt. Es gab Tage, an denen neue Pferde zu uns gebracht und eingestallt wurden. Zu jedem Pferd gehörte natürlich eine auf dieses Pferd zugeschnittene Ausrichtung und Zielsetzung, was es bei uns auf dem Hof lernen oder erleben, oder wovon es sich erholen können sollte. Wenn es um Fragen wie Integration ging, konnte ich mich auf meine langjährigen Fähigkeiten verlassen. Ich war in der Lage, stets zuverlässig wahrzunehmen und messerscharf und geistesgegenwärtig zu analysieren, was dem neuen Pferd und parallel eben allen anderen, bereits auf dem Hof wohnenden Pferden körperlich und vor allem emotional möglich war. Ich ahnte, inwieweit sie sich miteinander auseinandersetzen konnten, sah die Grenzen und ohne dass auch nur eins der Pferde an Sicherheit und Geborgenheit verlieren musste, verlief erfahrungsgemäß die gut durchdachte Integration. So erinnere ich mich an eine Stute, die sich vom ersten Moment an so deutlich gegen all unsere Pferde gebärdete und sich emotional hysterisch übertrieben sperrte, dass ich die Situation folgerichtig als schwierig beurteilte und mich für die Betonung der Sicherheit aller entschied. Ich wusste, wenn sich die Situation nicht ändern würde, und so lange sich einzelne in Resonanz tretende Pferde der Herde nicht für die neue Situation öffneten, würde die Integration viel Zeit und Raum brauchen. Ich schätzte in dem Moment die Lage so ein, dass es sicher Wochen dauern würde, wenn keines der Pferde Schaden nehmen sollte und kommunizierte meine Einschätzung allen Beteiligten gegenüber offen. Sicherheit ging vor. Die Sicherheit aller.

Am nächsten Morgen hatten wir herrliches Wetter. Die Pferde waren allesamt in friedlicher und harmonischer Stimmung und dösten an der sich aufheizenden Backsteinwand des Stalles in der Sonne. Die neue Stute stand ganz unaufgeregt, jetzt plötzlich rossend am Zaun, direkt neben unserer sonst etwas launisch wirkenden, abgegrenzten und überaus kritischen Leitstute, von der bei der Integration das größte und pompöseste Theater zu erwarten gewesen wäre. Mittags kraulten diese beiden Konkurrentinnen des Vortages über den Zaun plötzlich begeistert und genüsslich gegenseitig den Mähnenkamm. Sie schienen beide gar nicht genug davon zu bekommen und waren mit leidenschaftlichem Blick ganz vertieft. Was auch immer den Wandel dieser beiden zuvor sich gegeneinander entschiedenen Damen eingeleitet hatte, war unwichtig. Es war einfach so. So konnte ich mittags die Tore zu den großen Weideflächen aufmachen und die neue Stute war im Nu integriert. Die Situation gab es einfach her, die Chemie der Stuten hatte es schon entschieden. Hätten wir gewartet, bis die Rosse zu Ende gewesen wäre, nur weil ich zuvor entschieden und ausgesprochen hatte, dass die Zusammenführung viel Zeit brauchen würde, hätten wir dieses offene Sozialfenster, das durch die plötzliche Umstellungsrosse eingeleitet wurde, nicht nutzen können und es allen pferdischen Bewohnern nur wieder schwieriger gemacht.

In der Gegenwart neu zu handeln und sich die Gunst der Stunde zunutze zu machen, ist das, was ich als emotionale Intelligenz beschreibe. Wie ein Fenster, eine Tür, ein Raum, der sich öffnet und neue Möglichkeiten hervorbringt.

Keines der Pferde hatte auch Tage später nur einen einzigen Kratzer. Die neue Stute war zugleich ranghoch, ordnete sich dennoch gerne unserer Diva unter und ergänzte mit ihren Fähigkeiten sofort und unmittelbar die fehlenden Kompetenzen der Herde vor Ort. Folglich wurde sie gemocht und deutlich von allen wertgeschätzt und respektiert. Ihre Halterin verstand die Welt nicht mehr, als sie an dem Tag eine Nachricht von mir bekam, ich würde doch jetzt heute die Stute integrieren, weil es auf einmal möglich erschien. Als sie Stunden später zum Hof kam, um ihr Pferd zu besuchen, war die Integration schon gelaufen. Doch sie klammerte sich daran fest, dass ich doch gestern gesagt hatte, wir würden ihre Stute erst später integrieren. Damit war sie zufrieden gewesen und darauf hatte sie sich verlassen. Sie verließ den Hof mit ihrem Pferd nur wenige Tage später, weil sie der Meinung war, dass man sich nicht auf mein Wort verlassen könnte, so erklärte sie mir eindrücklich. Damit hatte sie Bauchschmerzen, fühlte sich übergangen und war voll von Zorn. Sie hatte entschieden, mir nicht weiter vertrauen zu wollen. Für mich war das unwichtig. Ich hatte auf allen Ebenen verantwortungsvoll und bewusst im Sinne der gesamten Pferdeherde gehandelt. Ich hatte mich nicht an dem von mir gestern ausgesprochenen Wort orientiert, sondern an der direkten und unmittelbaren Gegenwart. Die Halterin konnte dieses Verhalten nicht verstehen. Das war für mich in Ordnung, ich konnte sie auch verstehen. Aus ihrer begrenzten Sicht erschien es wie ein wankelmütiges Hin und Her. Sie setzte ihre Prioritäten und handelte danach. Ich handelte gemäß den meinen. Folglich passten wir Menschen nicht zueinander, im Gegenteil, wir waren die leibhaftigen Gegensätze, obwohl wir uns menschlich im Grunde mochten. Das war die Anziehung der Gegensätzlichkeit. Ich orientierte mich an den Möglichkeiten, die das Jetzt vor Ort bot, sie wollte Regeln aufstellen, Kontrolle haben und Absprachen konservieren, und diese streng befolgt wissen, ohne emotionalen und geistigen Spielraum. Hätte ich an dem Tag aufgrund gestern getroffener Einschätzungen mit der Integration gewartet, nur, weil ich es in der Situation zuvor so gesagt hatte, wäre es sicher nicht so reibungslos zwischen den Pferden verlaufen. Es gab nach der Wesensveränderung der beiden Stuten keinen Grund, zu warten. Sie hatten selbst dieses neue, friedvolle Jetzt kreiert. Es gab keinen Grund, diese ideale Situation für ein Herdentier verstreichen zu lassen, was einen unmittelbaren Nutzen durch die neue, auf die Situation angepasste Entscheidung hatte. Ich würde jederzeit wieder so handeln, um mir selbst treu zu bleiben und die Pferde in ihrem Jetzt angemessen zu begleiten. Das Jetzt frei von gestern zu erkennen, ist eine Fähigkeit, die einen Teil meiner Kompetenzen ausmacht. Wenn den Weg jemand nicht mitgehen kann oder entschieden hat, nicht flexibel sein zu *wollen*, respektiere ich das ohne Wertung. Jeder wird seine Gründe für seine Bedingungen, Entscheidungen, Stärken und Schwächen haben. Das ist Individualität.

Sicher wäre die Arbeitssituation zwischen uns beiden Frauen sehr schwierig geworden, weil sie mich permanent hätte auf starre Regeln und Strukturen festnageln wollen, an die ich mich dann wie in einem selbstgeschneiderten Korsett hätte halten müssen, um ihr gerecht zu werden, völlig frei von neuen Möglichkeiten. Ich war Flexibilität gewohnt, sie machte mich aus, und war die Grundlage meiner geistigen und emotionalen Freiheit. Hätten wir begonnen, uns miteinander zu messen, dann wäre es gar nicht mehr um das Pferd und seine Bedürfnisse gegangen, sondern nur noch um uns und eine rechthaberische Machtrangelei. Es wäre um Konkurrenz gegangen, um Menschen, thematisch weit ab von dem, weshalb sie ihr Pferd zu mir gebracht hatte. Das wäre sicherlich sehr aufreibend und kräftezehrend gewesen und ist zudem sicher nicht das, wozu ich mich in dieser Welt berufen fühle.

Wenn Sie bewusst gelesen haben, erahnen Sie in diesem Moment des Lesens, warum die Stute dieser Frau sich in dieser Art und Weise verhielt. Sie spiegelte direkt die Einstellung und Chemie ihrer Halterin und konnte sofort umlernen, sowie diese mit ihrer Anwesenheit und machtvoll begrenzenden Dominanz den Hof verließ, nach Hause fuhr, und Distanz entstand. Mit einem Mal konnte sich das Pferd so weit öffnen, wie es ihr ganz neu möglich war in der Resonanz des Hofes und all seiner menschlichen und tierischen Mitbewohnern.

Mir selbst ging es um das Wohl und die Seele des Pferdes und die Vollständigkeit meiner selbst, mit allen Kompetenzen, die ich zu bieten hatte. Mich durch Druck oder Zwang beschneiden zu lassen, kam für mich als Kind schon nicht in Frage. Alle Entscheidungen die ich traf, dienten der Entwicklung und der Öffnung neuer Möglichkeiten und Kompetenzen. Alle Entscheidungen waren aus vollem Herzen und mit absolut bewusst getragener Verantwortung getätigt. Die einen können das Verhalten, das aus meiner Einschätzung und meinen Entscheidungen resultierte, als Kompetenz wahrnehmen und sich vertrauensvoll darauf einlassen, für andere kann das ebenso so aussehen, wie Unzuverlässigkeit, Unbeständigkeit und Unklarheit. Wer was wie interpretiert, liegt oft an dem, was die bewertende Person in der Vergangenheit seiner Biografie erlebt und verbucht hat. Unsere Erlebnisse, oder viel mehr die starren Bedeutungen und Interpretationen, die wir diesen Erlebnissen zuschreiben, sind dann unreflektiert das, was unseren Horizont begrenzt und uns an einer erweiterten Entwicklung und an respektvoller und vertrauender Offenheit hindert.

Tipps für die Umsetzung:

Diese Übung ist praktisch. Sie benötigen dafür weder Zettel noch Stift.

Stellen Sie sich an einen Ort, an dem Sie Ruhe finden können und schalten Sie alle Störfaktoren wie Klingel oder Handy zuvor einfach aus. Das ist jetzt IHRE Zeit.

Stellen Sie sich auf Ihre Füße. Das ist nichts Ungewöhnliches, aber stellen Sie sich heute ganz bewusst auf den energetischen Mittelpunkt Ihrer Füße. Sie finden ihn, indem Sie sich Ihre Fußballen ganz bewusst machen. Direkt hinter dem Ballen trifft dieser in einer Senke auf den Mittelfuß. Das ist ein wichtiger energetischer Punkt, der uns mit der Erde verbindet. Er wird „die sprudelnde Quelle“ genannt. An diesem Punkt fließt alles überflüssige Energetische in den Boden ab und wir können sozusagen Wurzeln schlagen, die uns wie ein Baum mit Mutter Erde verbinden. Schauen Sie, ob Sie auf einem Fuß mehr Gewicht aufnehmen, als auf dem anderen. Versuchen Sie, sich zu zentrieren und zu vermitteln. Dabei halten Sie die Knie locker, nicht durchgedrückt, und verschmelzen mit dem Fußboden.

Zwei Zentimeter unter Ihrem Bauchnabel befindet sich ein weiterer wichtiger Energiepunkt. Er ist genau in der Mitte des Körpers, kurz vor der Wirbelsäule lokalisiert. Spüren Sie dort hinein, ohne die beiden Punkte unter den Füßen aus dem Bewusstsein zu verlieren. Spüren Sie mal zu dem einen Punkt, mal zu den anderen beiden unter Ihren Füßen. Atmen Sie so in den unteren Bauch, dass dieser sich durch das Einatmen deutlich entspannt und weitet. Lassen Sie dabei Ihre Schultern fallen. Und nehmen sich einen Moment lang Zeit, ausschließlich in einem ruhigen Rhythmus zu atmen. Atmen Sie entspannt ein, dann in Ruhe ganz bis zu Ende aus und gönnen sich eine kleine Atempause. So lange, bis Ihre Lungen von ganz allein wieder entspannt einatmen.

Stellen Sie sich nun vor, wie eine Haarsträhne oben auf der Mitte Ihres Kopfes sanft nach oben gezogen wird. Sie strecken sich leicht dem Himmel entgegen, ohne das Gefühl für die Füße und den mittleren Unterbauch zu verlieren. Auch die Knie strecken sich deshalb nicht weiter durch. Bleiben Sie locker auf beiden Füßen zu gleichen Teilen stehen. Und nun tun Sie eine Weile nichts, außer bewusst und entspannt zu atmen. Beatmen Sie sich so lange, bis Sie spüren, dass im Bauch eine warme Mitte entsteht, für mindestens fünf Minuten. Wenn Sie gähnen müssen, dann lassen Sie es ruhig zu. Ihr Energiesystem wirft dadurch alten Ballast ab, der sie noch belastet oder durch den Sie verspannt sind, ohne, dass sie davon wissen. Sie müssen nicht ergründen, welche Themen sich gerade lösen. Dafür haben wir einen Körper. Er übernimmt das für uns. Der Verstand kann davon unbeeinflusst bleiben.

Es kann sein, dass Ihr Körper anfängt sanft zu schwingen. Das ist in Ordnung und eine sanfte Bewegung ist gestattet. Hüten Sie sich nur davor, den Schwung aufzunehmen und ihn zu verstärken. Lockere Durchlässigkeit ist das Ziel, eben *nichts* tun oder verändern, nicht eingreifen und nicht manipulieren. Sie brauchen nicht perfekt zu sein, Sie dürfen einfach SEIN. Sollte Ihr Körper anfangen zu vibrieren, stehen sie wahrscheinlich zu angespannt. Entspannung ist für einige von uns anfangs so krampfhaft, dass wir erst lernen müssen, alles locker zu lassen, und trotzdem noch zu stehen. Aufrecht stehen funktioniert über unsere wundervolle Statik und erhält sich ganz von allein. Zum lockeren Stehen braucht es deshalb gar keine aktive Kraft.

Wenn Sie einen Moment gestanden haben, nehmen Sie sich das Buch wieder dazu in die Hand und lesen Sie sich die Aufgabe weiter durch. Versuchen Sie während der Bearbeitung immer wieder die Füße auf dem Boden zu spüren und seien Sie nachsichtig mit sich. Sie können diese Übung immer wieder einmal wiederholen und dabei immer besser und durchlässiger werden. Überall. Ohne, dass es von außen jemand sieht und sich jemand damit beschäftigen oder auseinandersetzen muss. Die Aufmerksamkeit dieser Übung gehört ganz allein Ihnen.

Machen Sie sich bewusst, wie Sie in kritischen Situationen in der Vergangenheit gehandelt haben und beginnen Sie, dafür bewusst die Verantwortung zu tragen. Das gelingt am direktesten durch Dankbarkeit. Seien Sie dankbar für die Wege, die Sie als Handlungsmöglichkeit bisher in Betracht gezogen haben. Sie erschienen Ihnen zu der Zeit, in der Situation, in der Sie steckten, die richtige Handlung zu sein – oder die einzige. Schließen Sie Frieden mit Ihren Reaktionen und Handlungen, und auch mit Ihren Nicht-Handlungen, die, bei genauerer Betrachtung, auch eine Form der selbstentschiedenen Handlung sind. Betrachten Sie neugierig, wie es Ihnen damit geht, wenn Sie sich eine Situation vor Augen führen, die Sie heute anders managen würden, als in der Vergangenheit. Freuen Sie sich daran, dass Sie schon eine Veränderung wahrnehmen können. Wenn Sie heute eine Krise anders lösen würden, als Sie es in der Vergangenheit getan haben, ist das das deutlichste Zeichen dafür, dass Sie sich bereits erweitern und entwickeln. Denken Sie dabei an alle möglichen Situationen, die Ihnen in den Kopf kommen. Die Situationen, die sich aufdrängen, haben meist noch die stärkste, aktive emotionale Ladung. Entladen Sie diese überschüssigen Energien ganz gemächlich in die Erde. Mutter Erde weiß etwas damit anzufangen.

Danach nehmen Sie sich Situationen vor, die Ihnen aus der Vergangenheit mit Ihrem Pferd ein- oder auffallen. Überlegen Sie sich genau, wie Sie gehandelt haben, und warum Sie gerade so gehandelt haben. Verzeihen Sie sich dafür und seien Sie auch, wenn Sie sich unter dem Damoklesschwert der Selbstkritik etwas vorzuwerfen haben, dankbar. Dankbar, dass Sie überhaupt eine Idee hatten, wie in jenem Moment zu handeln sei, dankbar, dass Sie die Situation trotz allem gut überstanden haben, dankbar, dass Sie daraus etwas gelernt haben.

Gehen Sie geistig einen Schritt weiter und werden dankbar dafür, dass Sie so sind, wie Sie sind. Sie können dankbar dafür sein, täglich dazu lernen zu dürfen, dankbar dafür, dass Sie bereits bestimmte Kompetenzen haben, dankbar für alles, was Ihnen einfällt.

Und gehen Sie noch einen Schritt weiter. Werden Sie dankbar dafür, dass es Sie gibt. Dankbar, dass Ihre Eltern dafür gesorgt haben, dass Sie hier sein können, dankbar für Mutter Erde und Vater Himmel, die in uns als Gefühl und Verstand erlebbar sind.

Werden Sie dankbar für das Spüren Ihrer Mitte, die Wärme, die sich in Ihnen ausbreitet, wenn Sie in den Bauch fühlen und schließen Sie Freundschaft mit sich und Ihrem So-Sein. Wecken Sie bewusst Ihr Selbst, Ihr Selbstbewusstsein in seiner reinsten Form, und erlauben Sie sich, sich zu mögen und sich zu vertrauen. Seien Sie die beste Freundin beziehungsweise der beste Freund für sich, den Sie sich nur vorstellen können. Wenn Sie mögen und es Ihnen nicht zu weit geht, dann schwören Sie einen heiligen Schwur, dass Sie sich von nun an noch bewusster und achtsamer um sich selbst kümmern werden. Nehmen Sie sich so, wie Sie sind, wichtig und ernst. Erlauben Sie sich, sich kontinuierlich beweglich, kreativ und flexibel zu Ihrem Besten zu entwickeln.

Spüren Sie in Ihr Herz und senden von dort einen Lichtbogen zu Ihrem Pferd. Lassen Sie ausschließlich ein warmes Gefühl von Verständnis, Mitgefühl und Akzeptanz fließen und lösen Sie sich aus allen begrenzenden Gedanken. Kein Gedanke ist je so groß wie ein Gefühl, das wahrhaftig von Herzen kommt. Wenn Sie noch Herzkraft über haben, und das werden Sie, denn die Liebe ist unendlich groß, dann schicken Sie einen erhellenden Lichtbogen von sich zu Ihren Eltern, Geschwistern, Freunden, Partnern, und ganz zum Schluss senden Sie all Ihre Liebe einem Bild, wie Sie sich in sich selbst als Kind erinnern. Oder schauen Sie sich dieses innere Kind so an, wie auf Ihrem Lieblingsfoto von sich in einem Fotoalbum. Erinnern Sie sich daran, wie lieb Sie dieses Kind hätten, wenn es Ihr eigenes wäre. Spüren Sie Ihre unbegrenzte, bedingungslose Liebe.

Dann spüren Sie wieder die Füße auf dem Boden, lassen alles noch einmal locker, gehen mit dem Körper mit einem entschiedenen Schritt aus der Übung heraus und schütteln Arme, Beine und gerne den Körper etwas aus. Kommen Sie wieder in Kontakt mit der Welt um sich herum und genießen Sie, dass Sie sich von nun an neu erfinden dürfen – in jedem Moment.

Die Befreiung

Dieses Mal biete ich Ihnen die Übung des Kapitels direkt zur Einstimmung an.

Stellen Sie sich einmal ein Pferd vor, wie es zum Teil noch gehalten wird beziehungsweise in der Vergangenheit vielfach gehalten wurde. Sie dürfen ein beliebiges, unbekanntes Pferd wählen, eins, das Ihrer Fantasie entspringt. Schauen Sie zuerst von außen auf dieses Pferd. Es steht in einer drei mal vier Meter großen Box in einem Reitstall. Es

kann sich um sich selbst drehen und sich in der Box diagonal hinlegen, um sich einigermaßen beim Liegen auszustrecken. Es gibt ein Fenster mit Gittern, und an der Wand in der Ecke befinden sich Futtertrog und

Tränke. In den Boxen links und rechts nebenan wohnt je ein anderes Pferd, das aber nur zum Teil sichtbar ist, da die Zwischenwand bis ein Meter vierzig Höhe aus Holz besteht. Darüber sind enge Gitter. Das Licht in der Box ist schummrig. Im Moment steht dieses Pferd und schaut in Richtung der belebten Boxengasse. Seine Seele ist beherbergt in einem wunderschönen Pferdekörper. Muskeln, Sehnen, Gelenke, weiches Fell, der gesamte Körper, Mähne und Schweif. Es hat einen angenehmen, warmen Körpergeruch. Das Pferd ist mittelmäßig trainiert, strotzt aber dadurch jetzt schon vor lauter Kraft.

Erkennen Sie seine Vollkommenheit?

Aus seinen Augen schauen Sehnsucht, Interesse, natürlicher Fernblick und pures Leben.

Nun stellen Sie sich vor, wie Sie sich in dieses Pferd versetzen und versuchen Sie, dieses Pferd zu werden. Stellen Sie sich vor, Sie sind dieses Pferd, das dort in der Box steht. Spüren Sie in sich hinein, wie es sein muss, in einem Pferdekörper inkarniert zu sein. Lassen Sie Ihrer Fantasie nun einen Moment Zeit, um sich als Pferd zu erleben. Schließen Sie dazu die Augen und werden Sie zu diesem wundervollen Lebewesen. Nutzen Sie all Ihre einfühlsamen Fähigkeiten, um so gut wie es geht zu spüren, was Sie sind. Lassen Sie den Atem in die weitaus größeren Lungen fließen, die Sie vom Dasein des Menschen gewohnt sind. Spüren Sie Ihr großes Herz, wie es langsam, aber stark das Blut durch Ihre Adern pumpt. Und schauen Sie mit geschlossenen Augen offen aus den wohlgeformten Augen dieses Pferdes. Riechen Sie durch ihre großen, weichen Nüstern, was es zu riechen gibt. Horchen Sie mit Ihren beweglichen Ohren, welche Geräusche es gibt, ohne sie sehen zu können. Schmecken Sie die Lippen und die Zunge und nehmen wahr, wie Ihnen als Pferd die Situation schmeckt. Und lassen Sie Ihrer Vorstellungskraft freien Lauf.

Ich lasse Sie nun fünf Minuten allein, um sich vollständig in diese Erfahrung hineinzugeben.

…

Sind die fünf Minuten um?

Was haben Sie gesehen? Was haben Sie gespürt und wahrgenommen? Wie ist es für Sie, zum Pferd zu werden?

Und nun kommen Sie wieder zurück in Ihren Menschenkörper. Werden Sie sich wieder Ihrer selbst bewusst und schauen Sie, ob es Ihnen nicht manchmal ebenso geht, wie diesem Pferd? Schauen Sie, was Sie für ein vollkommenes und großartiges Lebewesen sind. Entdecken Sie Ihr Potenzial als Mensch, den Körper, den Geist und die Größe Ihrer Seele.

Und nun schauen Sie offen und neugierig, ob es für das Bild des Pferdes im übertragenen Sinne dieselbe Situation in Ihrem Leben gibt oder gab, wie sie kürzlich als Pferd wahrgenommen haben.

» Fühlen Sie sich manchmal begrenzt oder eingeschränkt?

» Leben Sie in einem Lebensbereich, in dem nur ein Teil Ihres Potenzials genutzt werden kann, weil Sie dann künstliche, gesellschaftliche oder selbstgesetzte Grenzen erreichen?

» Sind Sie damit zufrieden, oder ist es Ihnen eigentlich zu eng?

» Was würden Sie gerne einmal tun, was Sie sich bisher vielleicht untersagen, weil Sie aufgrund Ihres selbstkreierten Lebensplans meinen, dass das nicht *geht*?

- Erkennen Sie, was Ihr Körper für ein unbeschreiblich, mit Gaben und Möglichkeiten beschenktes Wunder ist?
- Wie viel von diesem Wunder leben Sie aus? Wie und in welcher Form? Wann? Und wo?
- Was würde Sie motivieren, mehr aus sich zu machen, sich deutlicher zu erleben oder all Ihre Möglichkeiten auszuschöpfen oder zu entwickeln?
- Was würden Sie mit den Ihnen zur Verfügung stehenden Möglichkeiten gerne tun – so absurd es vielleicht auch gerade klingen mag?
- Fühlen Sie sich bereits voll entfaltet und frei?
- Wer hat Ihnen bisher Grenzen oder Maßstäbe gesetzt? Warum meinen Sie, sich daran halten zu müssen?
- Schauen Sie manchmal auch in die Ferne, oder stellvertretend in den Fernseher, um Ihre Sehnsucht und Ihren Heißhunger auf das Leben zu sättigen – oder sich zu betäuben?
- Warum gehen Sie nicht raus, und tun, wovon Sie träumen?
- Warum verbringen Sie nicht noch mehr Zeit in der Natur, so wie es uns Lebewesen entspricht? Wann haben Sie das letzte Mal Ihre akzeptierte Komfortzone einfach gesprengt, um etwas Neues zu wagen?
- Was hindert Sie?

Orientieren Sie sich an den Kompetenzen Ihres natürlichen Partners an Ihrer Seite, Ihrem Pferd:

» Wann haben Sie zum letzten Mal in der Natur etwas gefunden oder gesammelt, das Sie verzehren können? Wissen Sie, was aus der Natur Sie bedenkenlos essen können?

» Wo sind sie hin, diese natürlichen Begabungen? Wovon würden Sie sich ernähren, wenn es keine Einkaufsläden gäbe? Wie würden Sie Giftiges von Ungiftigem unterscheiden? Würden Sie in der Natur verhungern?

» Wann haben Sie sich das letzte Mal einen Weg vorgenommen, den Sie überhaupt noch nicht kannten?

» Wann haben Sie das letzte Mal auf Sicherheit verzichtet, mit dem Bewusstsein, dass Ihnen nichts passieren wird, wenn Sie sich angemessen auf sich selbst und Ihre Instinkte verlassen?

» Sind Sie in letzter Zeit gelaufen oder gesprungen wie ein Kind – oder wie Ihr Pferd?

» Wann waren Sie zuletzt freiwillig im Regen, sind frei von Zeit und Raum durch Pfützen gesprungen oder spontan durch einen See geschwommen?

» Waren Sie schon einmal barfuß im Moor und haben gespürt, ab wann es gefährlich werden würde?

» Wann haben Sie das letzte Mal zeitlos den Sternenhimmel genossen?

» Wann haben Sie sich in Ihre sinnbildliche Box gesperrt und seit wann sind Sie der Meinung, es wäre schön, bequem oder sogar richtig so? Was ist los mit Ihrer Freiheit?

Habe ich Sie etwas durcheinander gebracht?

Dann freut es mich sehr!

Das sind zugleich der Sinn und das Ziel dieser bewusstseinserweiternden Übung.

Ich möchte Sie, vor allem, wenn Sie Pferdehalter/in waren, sind oder sein wollen, bitten, sich diese Dinge ernsthaft zu vergegenwärtigen. *Sie sind frei.* Vielleicht sind Sie freier, als Sie in diesem Moment bereits aushalten können. Sie sind vielleicht freier, als Sie bewusst wissen. Viele von uns haben ihre selbstgewählte innere Box durch Regeln, Begrenzungen, Sicherheitsdenken und Selbstbestrafung selbst kreiert und halten sich als gute Schüler des Lebens gewissenhaft an diese Vorgaben. Doch all das ist nur entstanden, weil Sie sich eines Tages auf die Vorstellung dessen eingelassen haben, was für Sie geht und was auch nicht geht. Sie haben Vorstellungen von sich selbst kreiert, wer Sie sind, und wer Sie auch nicht sind, oder Sie haben sich da auf etwas eingelassen, was Ihnen vorgelebt oder diktiert wurde. Es gibt keinen, aber auch wirklich überhaupt keinen Grund, weshalb das einst erdachte, aufgedrängte oder die selbst festgelegte Begrenzung für immer so sein und bleiben müsste.

So lange Sie niemanden mit Ihrer Freiheit, Ihrem Lebensdrang und Ihrer Freude an Gegenwärtigkeit Schaden zufügen oder verletzen, dürfen Sie alles tun und sein, was Ihnen möglich ist, zu tun und zu sein. Und das ist in den allermeisten Fällen viel mehr, als wir uns selbst eingestehen oder uns selbst erlauben. Die wahre Größe kann sogar ein bisschen Angst machen und uns einschüchtern. Wir müssen uns Zeit geben, um uns Stück für Stück zu befreien.

So lange wir gesellschaftlich *richtig* sein wollen, schließen sich viele Möglichkeiten der ausgelassenen Lebensfreude und flexibler Beweglichkeit über alle Grenzen hinweg einfach aus. Gesellschaftlich ernten wir nicht unbedingt Lob, wenn wir uns in Richtung Freiheit und persönlicher Größe entwickeln. Wir ernten statt Anerkennung für ein authentisch gelebtes Menschenleben eher Neid, Zorn und Missgunst, der dem Nährboden der Unzufriedenheit sich eingeengt fühlender Menschen entspringt. Alle, die sich unbewusst un-frei-willig haben einengen lassen, gehen mit denen, die sich eben nicht (mehr) einengen lassen, in Resonanz. Daran spüren sie, dass einer von beiden nicht ganz „richtig“ zu sein scheint. Richtig zu sein hat dabei meist einen kulturellen, gesellschaftlichen oder von Familie geprägten Kontext und bildet den Rahmen der sozialen Kontrolle. Daran kann man sich halten, sofern man möchte und damit zufrieden und glücklich konform geht. Grenzen, Regeln und Maßstäbe bieten Sicherheit und geben uns einen Rahmen. Für unsere Politik ist es von Bedeutung, dass das Volk sich ausschließlich in einem definierten Rahmen bewegt, der lenk- und kontrollierbar ist. Selbst für Wirtschaft und Pharmakonzerne ist das von schlussfolgernder und nicht zuletzt finanzieller Bedeutung. Doch das Pferd in der Box macht sich keine Gedanken darüber, ob es „seiner Regierung“ besser damit geht, wenn es sich freiwillig in seine vier Wände begibt und sich ergibt. Über kurz oder lang wird es unter angestauten Energien leiden, weil dieses Leben nicht seiner ursprünglichen Natur entspricht. Nur, weil es sich für mein Empfinden bis zur Selbstaufgabe an vorgegebene Möglichkeiten anpassen *kann*, bedeutet es nicht, dass wir diese Fähigkeit ausnutzen dürfen oder es tun sollten. Ein Pferd würde viel lieber leben! Echt leben. Und das steht auch Ihnen zu.

Erfahrungsgemäß können Menschen ihren Pferden das Leben in dem Kontext anbieten, in dem sie sich selbst befinden. Hat ein Pferd einen Menschen, der freiwillig und zu Gunsten der Sicherheit in seiner engen Komfortzone lebt und dort gerne oder aus Bequemlichkeit bleibt, kann dieser Mensch kaum darauf kommen, dass es dem Pferd in einer übertragenen Situation an etwas mangelt. Er wird unterbewusst – und das ist wichtig zu verstehen, um niemanden zu verurteilen – glauben, das Pferd fühlt sich durch die Box wohl und sicher. Es bekommt sein tägliches Futter zuverlässig und hat immer frisches Wasser. Es kann hinaus schauen, ruhen, schlafen, interessiert am Leben auf der Stallgasse teilhaben und wird einmal am Tag rausgelassen, um sich die Beine zu vertreten oder geritten. Es kann den Eindruck erwecken, es wäre gut so, wie es ist und es gäbe zumindest vorerst keinen Grund, etwas daran zu ändern. Bevor das Pferd vor angestauten Energien unruhig wird, danach aggressiv, danach traurig bis depressiv, danach apathisch und später psychisch, emotional und (ganz zum Schluss) organisch krank, ändern wir Menschen Situationen der Komfortzone nur schwerlich bis ungern. Aus der oft gern übersehenen, schleichenden Erkrankung, kleinen Wehwehchen, folgt, wenn sich die Ursache allen Übels nicht ändert, die chronische Erkrankung. Wenn ab einem dieser oben genannten Punkte (man könnte sie sicher in noch viel mehr Unterpunkte aufteilen und differenzieren), dem Menschen auffällt, dass das Pferd sich zu seinen Ungunsten entwickelt, könnte ein Punkt im Bewusstsein des Menschen berührt werden, an dem er die Situation seines Pferdes ohne Scheuklappen anschaut und wahrnimmt, dass nicht nur im Leben des Pferdes zu enge Grenzen bestehen, sondern vielleicht auch in seinem eigenen. Dann sorgt eine Veränderung erst im Leben des Pferdes, und später mit etwas Mut und Kreativität auch in seinem eigenen Leben für eine neue, heilsame Perspektive.

Vielen Pferdehalterinnen und Pferdehaltern geht es in der Tat schon besser, wenn Sie dafür sorgen, dass stellvertretend für sie, ab nun ihr Pferd mehr Freiheit erleben darf. Denn durch die Verbundenheit mit dem eigenen Pferd spüren wir Menschen, ohne dass wir es wissen, ganz genau, was natürlich ist, und was beengender, den Lebensimpuls einschränkender Zwang ist. Befreit man den einen im System, geht es dem anderen schon viel besser. Das ist so in jeder funktionierenden, gesunden Partnerschaft, unabhängig davon, wie ein Lebewesen verpackt ist.

Andere Menschen dagegen, die sich ihrer Freiheit und wahrer Lebensqualität schon bewusster sind, bringen ihr Pferd erst gar nicht in solch eine Situation. Aufgrund des Bewusstseins bezüglich ihrer eigenen Bedürfnisse genießen ihre Pferde ab dem ersten Moment den Luxus größtmöglicher Lebensqualität. Wer sich selbst Lebendigkeit und Entwicklung erlaubt, für den ist es absurd, ein Pferd in eine Kiste zu sperren, in der es sich als Bewegungstier nicht bewegen und sich kaum wirklich ausstrecken kann. Diese Pferdehalter wissen, dass ein Terrassenplatz in Größe einer Box als Auslauf keine Option ist. Sie wissen, dass Pferde eine Herde brauchen, in der sie Schutz, Geborgenheit, ein aufgabenverteilendes Netzwerk und Freundschaft finden. Diese Menschen wissen, dass das Erfüllen natürlicher Bedürfnisse der Weg zu Entfaltung und Gesundheit ist. Und ich bin mir sicher: SIE wissen das auch.

Deshalb möchte ich Sie ermutigen: Lassen Sie sich frei! Heute! Und nach heute immer wieder neu! Sprengen Sie alle Grenzen, die Ihnen nicht mehr gut tun. Halten Sie gerne an denen fest, die Ihnen Sicherheit, Orientierung und Halt geben. Und dann lassen Sie sich die Person sein, die Sie sind. Übertragen Sie das auf Ihr Pferd und lassen ab heute Ihr Pferd so frei, wie es das schon aushalten kann. Manche Pferde, die lange beengt und eingepfercht in Boxen gelebt haben, sind mit zu viel Freiheit, zu viel Wahlmöglichkeit, zu viel Selbstverantwortung manchmal anfangs auf allen Ebenen überfordert. Es ist für diese Pferde nötig, die sich erweiternde Freiheit in kleinen

Schritten einzuleiten, vielleicht erst einmal mit einem Terrassenplatz. Später stellen Sie dann eine Situation mit einem größeren Paddock mit gleichbleibenden Nachbarpferden her, damit Ihr Pferd Sozialkontakte üben und lernen kann. Weiter geht es mit einem Pferdefreund auf demselben Paddock. Danach folgt die Integration beider in eine kleine, überschaubare Herde. Und wenn Ihr Pferd mehr Pferdsein aushält und sich seiner natürlichen Fähigkeiten und Kompetenzen immer mehr erinnert, dann folgt die Unterbringung gerne dem natürlichen Beispiel. Es darf dann auf großen Wiesen in einer beständigen großen Herde leben. Ich rate Ihnen für die Unterbringung Ihres Pferdes zu einer maximalen Gruppengröße von fünfzehn Pferden, denn mehr ist dann das andere Extrem der Unnatürlichkeit und überfordert die meisten Pferde.

In der Natur sind die Einzeltiere großer Herden so gut wie immer miteinander verwandt, sie kennen einander aus einem natürlichen Lebenskontext, hatten viel Zeit sich kennen zu lernen und sich durch Situationen echten Lebens miteinander zu arrangieren. Positionen, die einzelne Tiere kompetent besetzen, sind das RESULTAT von innerherdlichen Beziehungen und Problemlösungen, nicht die Bedingung. In Herden, so wie wir sie zusammensetzen, ist das nicht der Fall. Sie sind weder über lange Zeiträume gewachsen, noch sind die Mitglieder genetisch miteinander verwandt. Durch diese Unterschiedlichkeit benötigen die Pferde zur Integration oft mehr Zeit, als in der Natur.

Lassen Sie Ihr Pferd parallel dazu geistig frei. Lassen Sie es sein, was es ist. Es ist vollkommen und richtig so, wie es ist. Geben Sie ihm Raum, sich zu entfalten, so, wie Sie es sich selbst für sich auch wünschen würden. Geben Sie ihm frei, nachdem es mit Ihnen besondere Lektionen erarbeitet hat, nach dem Erreichen besonderer und für uns Menschen „unbesonderer“ Inhalte und Ziele, lassen Sie das Führseil und die Zügel immer wieder locker. Machen Sie es sich zur Gewohnheit, etwas zu geben, bevor und nachdem Sie etwas genommen haben. Geben Sie Ruhe, Sicherheit, Sozial- und Fellpflege. Geben Sie auf jeder Ebene etwas nach. Und lösen Sie sich auch aus Ihrem Anspruch an Ihr Pferd, jedenfalls von dem unnatürlichen Anteil dessen, der ausschließlich menschengemacht ist und demzufolge auch nur durch abstraktes Denken von Menschen verstanden werden kann. Viele unserer Menschenideen machen für ein natürliches Pferd wenig bis gar keinen Sinn.

Finden Sie ein gesundes Maß zwischen Über- und Unterforderung und lassen Sie Ihre Erwartungshaltung an Ihr Pferd immer wieder los. Erwartungshaltungen fordern still und setzen ein so sensibles Lebewesen wie ein Pferd unter Druck. Die meisten Menschen merken gar nicht, wie Sie „drücken“, denn in unserer leistungsorientierten, sehr geschwinden Menschenwelt ist das unter Druck stehen normal geworden und es fällt schwer, sich auf Freiwilligkeit einzulassen. Freiwilligkeit braucht Ruhe und Zeit.

Lassen Sie sich auf die Impulse, die von Ihrem Pferd kommen, ein, und lauschen Sie achtsam in die Stille zwischen Ihnen und Ihrem Pferd. Dann werden Sie mit der Zeit immer offener und verstehen, was es Ihnen zu sagen und zu vermitteln versucht. Dann, wenn Sie Ihrem Pferd nicht nur mehr Verantwortung für sich selbst lassen, sondern auch die Freiheit an natürlichen Reaktionen, kann es wahrhaftig das für Sie leisten und Ihnen zurückgeben, wofür es Sie getroffen hat. Begegnung hat immer einen Grund.

Bitte gehen Sie auf diesem Weg kleinschrittig und gefühlvoll mit sich selbst um. Sprengen Sie nicht alle Regeln und Grenzen mit einem

Mal. Es ist wichtig für die Nerven, sich Schritt für Schritt immer wieder anpassen und zur Ruhe kommen zu können. Nehmen Sie sich dafür nicht Tage Zeit, sondern Wochen, Monate, vielleicht Ihr Leben lang. Erfinden Sie sich immer wieder neu auf der Grundlage Ihrer eigenen, sich verändernden Bedürfnisse und Umstände. Versuchen Sie, nachsichtig mit denen zu sein, die diesen anspruchsvollen Weg (noch) nicht mitgehen können oder reichen Sie verständnisvoll jenen die Hand, die Sie auf diesem Weg gerne mitnehmen möchten. Entwicklung braucht neben Raum vor allem ganz viel Zeit. Der nächste Schritt kann immer erst getätigt werden, wenn für jemanden persönlich die Zeit reif ist und die Energien sich im Kern gesammelt haben.

Der Mensch, der Sie einmal waren, bleiben Sie nicht. Das Wesen schon. Sie reifen, wachsen, entwickeln und entfalten sich – wenn Sie es zulassen. Im Grunde würde es ganz von allein vorwärts gehen, wenn wir als Mensch nicht so gut darin wären, am Alten, Gewohnten festzuhalten und mit all unserem Widerstand Entwicklungsschritte zu intervenieren.

Unsere Seele spürt ihr Leben lang den Impuls, sich zu befreien. Bis wir uns eines Tages sogar von unserem Körper lossagen und in das unbeschreiblich große Ganze übergehen.

Bis es so weit ist, dürfen Sie sich in allen Facetten des Lebens ausprobieren, sich spüren, sich erleben und immer wieder die Form wechseln. Lassen Sie sich frei das sein, was Sie sind – jeden Tag etwas mehr und nehmen Sie Ihr Pferd einfach mit. Es kann für Sie der begleitende Reiseleiter sein, der vor Ihnen geht und Ihnen vormacht, wie es geht. Oder, falls es von seiner Natur abgekommen sein sollte, derjenige sein, der hinter Ihnen geht und Ihnen gerne und freiwillig folgt. Dann sind

Sie dasjenige Leittier, das den Weg vorschlägt. Im Idealfall wechseln Sie sich ab, je nachdem, wer von Ihnen beiden für die aktuelle Lebensaufgabe der Kompetentere ist. Das wäre ein herdenähnliches Konzept und spricht Ihrem Pferd vor allem eins zu: vollständige Kompetenz.

Die Verschiedenartigkeit des Loslassens

Das Loslassen eines Pferdes stellt selbst mich immer wieder neu vor Herausforderungen, weil ich mich in diesem Moment des Schreibens gerade inmitten dieser Aufgabe befinde. Nur dadurch, nur, weil ich in dieser Situation mit allen Anteilen meines Wesens verwoben stecke wie nie zuvor, sehe ich mich in der Lage, Ihnen näher zu bringen, was es im Ganzen bedeutet, ein Pferd loszulassen. Was es für die Person

bedeutet – und für das betroffene Pferd.

Es gibt viele verschiedene Gründe, ein Pferd loszulassen. So könnte ich ein ganzes Buch nur über dieses Thema schreiben. Doch zuerst scheint Loslassen immer wie ein kleiner Tod zu sein, wie das Ende von etwas. Was wir erst später realisieren ist, dass dieser Tod im selben Moment ein neuer Anfang ist, genau, wie beginnendes Leben.

Aus diesem Grund ist es hilfreich und wichtig, sich vor Augen zu führen, wovor wir vielleicht Angst haben, wenn wir loslassen würden. Und noch viel wichtiger ist es, sich bewusst zu machen, was dieses Loslassen an positiven, bereichernden Aspekten mit in das Leben bringen kann. Ich möchte Ihnen an einer Folge von Loslassen von verschiedenen Pferden einen Eindruck verschaffen, was es mir persönlich in besonderen Situationen gebracht hat. Denn der nächste Schritt hätte ohne den Schritt zuvor niemals so in dieser Art stattfinden können, wie ohne ihn. Der zweite Schritt ist ohne den ersten schlichtweg unmöglich.

Als Kind musste ich ein Pferd loslassen, um das ich mich heimlich lange gekümmert hatte. Es stand immer hinten am Zaun unseres Grundstückes zur Nachbarweide.

Es begann damit, dass ich mich einmal in der Woche um dieses Pferd kümmerte und mich den Bedürfnissen dieser Stute annahm. Sie stand so verloren dort, das ich einfach nicht anders konnte. Sicherlich waren ihre Bedürfnisse zu der Zeit deckungsgleich mit meinen eigenen, ansonsten hätte die Begegnung so intensiv nicht stattgefunden. Ich spürte, wie die Beziehung sich immer stärker aufbaute und ich mich immer öfter zu der älteren Norwegerstute hingezogen fühlte. Und ich folgte diesem Gefühl, bis ich eines Tages fast täglich bei ihr war. Manchmal nur für fünf Minuten um ihr etwas zuzustecken, manchmal zu ausgiebigem Kraulen und Streicheln am Zaun. Irgendwann entdeckte ich im Stall meines Großvaters eine alte Wurzelbürste und nahm sie mit zu ihr. Es war seine alte, grobe Pferdebürste, mit der er einst seine eigenen Pferde gestriegelt hatte. Die Norwegerin konnte kaum genug davon bekommen, tief im Gewebe von dieser Bürste im Rhythmus geputzt und massiert zu werden. Immer öfter kletterte ich zum Bürsten auf den Zaun, um besser an ihrem Rücken anzukommen. Irgendwann saß ich auf ihr und putzte sie ausgiebig von oben. Sie stellte sich schon bald zum Aufsteigen direkt an den Zaun, wenn ich kam. Ich fühlte mich wie ein kleiner Vogel in einer Putzsymbiose mit einem ausgewachsenen Nilpferd und half ihr, sich von Fell, lästigen Parasiten und Matschkrusten zu befreien. Sie genoss es sehr. Nie war sie auch nur auf den Gedanken gekommen, mir etwas zu tun. Wir waren längst dicke Freunde. Und eine Zweckgemeinschaft.

Nachdem den Besitzern von Susi, die für sie ein, wie sie es nannten „Ackergaul“ war, klar wurde, wer ihre „bösartige“ und nicht sozialisierte Stute, die im Grunde nur unverstanden und mutterseelenallein war, so gut pflegte und heimlich versorgte, machten sie sich Sorgen um mich. Sie hatten Angst davor, was passieren würde, wenn mir durch diese „Furie“ etwas passieren würde, was sie teuer bezahlen müssten, denn sie hatten ihr Pferd nicht versichert. Aus Sicherheitsgründen verboten sie den Kontakt zu Susi und ich durfte ab diesem Moment nicht mehr zu ihr, und schon gar nicht über den Zaun klettern. Das Verbot kam für mich aus heiterem Himmel und war mir absolut unverständlich. Niemand erklärte mir, warum dieses Verbot ausgesprochen wurde oder wovor die Nachbarn eigentlich Angst hatten. Meiner Meinung nach konnten sie doch froh sein, dass sich jemand um das Pferd kümmerte… Die erwachsenen Männer hatten längt ohne Anhörung meinerseits entschieden. Mein Vater hatte eingewilligt, mir die Entscheidung der Besitzer näher zu bringen und ich musste versprechen, auf diese klare Weisung zu hören. Das war für mich und die Stute sehr plötzlich und hart. Ich wusste nicht, wie ich ihr verständlich erklären sollte, dass ich nicht mehr kam. Ich musste mich umorientieren auf andere Lebewesen und andere Inhalte. Susi konnte das nicht. Sie war danach wieder allein. Niemand kümmerte sich um sie. Sie verwahrloste. Das schmerzte mein so offenes Kinderherz sehr, denn ich erkannte, in welch großem sozialen Mangel sie steckte und spürte ihre Sehnsüchte und natürlichen Bedürfnisse. Ich hatte großes Mitgefühl mit ihr. Stets stand sie zu unserer gewohnten Zeit am Zaun und wartete auf mich. Manchmal ging ich nach wie vor zu ihr, doch kletterte ich nicht mehr so oft durch den Zaun und turnte während des Putzens nicht mehr frei auf ihr herum. Ich striegelte sie nur noch durch den Zaun – das war etwas ganz anderes als das, was wir vorher so intensiv und innig taten. Sie schien mich und meine Fürsorge zu vermissen, war ich doch die einzige, die sie liebe- und verständnisvoll ansprach und sie auf wahrscheinlich mehreren Ebenen berührte. Sie hatte nie auch nur im Ansatz versucht, mir etwas zu tun. Doch das verstanden die Erwachsenen nicht. Sie sahen auch nicht meine Gabe, mich in diese Stute einzufühlen, um schwierige Situationen sofort zu bemerken und unmittelbar gemäß meiner Wahrnehmung zu handeln. Sie trauten weder mir noch dem Pferd eine herzzentrierte Beziehung zu. Vielleicht kannten sie so etwas auch gar nicht. Heute weiß ich, diese Erwachsenen konnten zu dem Zeitpunkt nicht die Wahrhaftigkeit erkennen, die wir beide miteinander fanden und auslebten. Diese Stute war für fast zwei Jahre meine heimlich Lehrerin und Erfüllerin meiner Sehnsüchte gewesen. Vieles von dem, was ich heute kann und weiß, hat sie mich gelehrt. Sie lehrte mich Empathie, Einfühlungsvermögen, sich um jemanden zu kümmern, der allein und vernachlässigt war und im sozialen Mangel lebte. Sie lehrte mich, ihre Grenzen wahrzunehmen und diese vollständig zu akzeptieren und mich niemals einen Schritt zu weit zu wagen. Mir war klar, es durfte ihr nie unheimlich werden in meinem Beisein, denn dann war weder ihr noch mir klar, was sie als nächstes tun würde. Sie hatte kein Bewusstsein bezüglich ihres Körpers und ihrer natürlichen Reflexe und ich musste lernen, wo bewusstes Sein auf unbewusstes traf. Und sie lehrte mich, dass es Menschen gibt, die all das nicht kennen, können oder nachzuvollziehen in der Lage sind. Auch dafür habe ich Verständnis gelernt, wenn auch zähneknirschend. Sie hat mir wirklich viel Gutes mit auf den Weg gegeben.

Danach wollte ich mir gern, nach wie vor, den Traum vom eigenen Pferd erfüllen. Eines, bei dem sich nicht wieder andere einmischten und die Beziehung unterbinden konnten. Außerdem wollte ich wissen, ob meine Eltern mich und meine Bedürfnisse ernst nahmen.

Der Pferdehändler im Ort gab mir die Chance, mich um einen ungestümen älteren Schimmel-Wallach zu kümmern, der alles andere als schön anzusehen war. Er war knochig, kantig und zäh. Er hatte überhaupt nichts Schönes oder Weiches an sich. Er war oft unbeherrscht und (in diesem Fall) tatsächlich gefährlich, doch es war zu der Zeit der einzige, der in meinem Dunstkreis zu verkaufen und finanziell einigermaßen erschwinglich war. Er sollte in mir das Loch stopfen, das das Verbot zu Susi zu gehen, gerissen hatte. Ich wollte meine Pferdesehnsucht mit ihm stillen.

Nachdem mein pferdeerfahrener Großvater ihn nach Wochen des sich drum Kümmerns an einem Samstagnachmittag endlich inspiziert hatte, ihn aufgrund seiner Zähne und seines Körperbaus auf ungefähr achtundzwanzig bis dreißig Jahre schätze, war klar, dass wir diesen Wallach, der nicht einmal einen Namen besaß, nicht zu uns nahmen. Der Traum, der damals platzte, und die Illusion in der ich zu der Zeit steckte, waren weitaus größer, als die Liebe zu diesem Pferd, das mich mehrere Male unsanft und ohne einen Schimmer Mitgefühl abgesetzt hatte. Ich hätte dieses Pferd trotzdem aufgenommen, nur um endlich ein Pferd zu haben, um das ich mich hätte kümmern können. Letztendlich war ich später froh, dass es nicht geklappt hatte, denn wahrscheinlich wäre aus mir nicht die ambitionierte Pferdefrau geworden, wenn er mich regelmäßig gedemütigt, eingeschüchtert und mich verletzt hätte. Ich erkannte, dass er viel Schlimmes mit Menschen erlebt haben musste, um so viel Macht gegenüber einem Kind auszuüben. Teilweise verhielt er sich, als hätte er es fest entschieden, sich nie wieder auf einen Menschen einzulassen. Heute weiß ich, dass er sicherlich viele Schmerzen hatte. Dieses Pferd loszulassen war in dem Moment zwar hart, aber zu meinem Schutz ganz wichtig. Ich verstand, dass es Menschen gab, die ein Auge darauf hatten, dass ich mir nicht zu viel zumutete. Ich war zwar anfangs wütend auf meine Familie, aber sah den Sinn in der Absage. Ich konnte den Lebensweg dieses Pferdes noch etwas verfolgen. Er hat zwei Menschen, die sich nach mir um ihn kümmerten, sehr stark verletzt und wurde wenig später an den Schlachter verkauft. Das erste Mal in meinem Leben konnte ich sehen, dass solch ein menschen- und lebensmüdes Pferd wahrscheinlich so seinen besten Frieden hatte finden können. Ich lernte, dass es Grenzen der Heilungs- und Bekehrungsmöglichkeiten gab und dass er, indem er mich mehrfach fast verletzt hatte, seine eigenen Entscheidungen traf. In diesem Fall gegen mich. Ich lernte, dass ich nicht jedem helfen konnte, so gern ich dieses auch hätte versuchen wollen. Damit hat er mir wertvolles Rüstzeug mit auf den Weg gegeben. Ich war weder Mutter Theresa, noch konnte ich Dinge beeinflussen, in denen ein zweites Lebewesen mit einer eigenen Meinung längst dagegen entschieden hatte. Auch er hat mir wichtige Grundlagen über seine und meine Grenzen gezeigt und mich dies auf dem einzigen Weg gelehrt, der möglich gewesen war, um diese nicht nur theoretisch, sondern auch praktisch zu begreifen. Zuerst fühlte es sich an, wie ein großer Misserfolg, ein Scheitern, doch wenig später verstand ich, dass er den Platz für jemand anderes mit seiner Entscheidung gegen mich frei gehalten hatte. Glücklicherweise. Ich bekam eine kleine Ahnung davon, wie es ist, wenn das Schicksal die Fäden in der Hand behält und gewissenhaft die Strippen zieht. Meinem Großvater zu vertrauen, erwies sich als großes Glück. Das war das erste Mal, dass ich bewusst verstand, dass es *für* mich war, wenn Erwachsene sich gegen die Wünsche eines Kindes stellten, nicht gegen mich. Sie taten dies voller Verantwortung und aus Liebe. Ich konnte noch nicht lernen, mit der Abfuhr eines Tieres umzugehen, denn das hatte mich hart getroffen. Bisher hatte sich niemals ein Tier so direkt gegen mich gestellt. Er war der erste, an dem ich üben konnte zu akzeptieren, dass er seine Gründe hatte, meine Liebe nicht anzunehmen. Vielleicht aber mochte er mich schlicht ergreifend auch nicht. Dies erwies sich als ein größeres Lernfeld. Aber es war ein schmerzlicher Anfang. Den Sinn dessen begriff ich erst viele Jahre später. Und lernte den freien Willen anderer zu akzeptieren, ohne sie manipulieren zu wollen oder zu können. Insgeheim nannte ich ihn im Nachhinein jahrelang „Border“, die Grenze.

Bald darauf begegnete mir meine Stute Peggy. Peggy war ein Segen. Und sie war sehr liebevoll, hatte aber ihren ganz eigenen Kopf. Sie kam direkt von der Trabrennbahn und war dort schwer zu zügeln gewesen. Immer wieder galoppierte sie während eines Rennens an und wurde ständig disqualifiziert. Das war nicht nur ärgerlich für die Besitzer, sondern auch teuer, denn das Anmelden bei einem Rennen kostete jedes Mal Startgeld. Nachdem mich die erste Woche mit ihr und ihrem Temperament absolut überforderte, kam der Jockey aus der Nachbarschaft mir zur Hilfe. Er erklärte mir, einer Zwölfjährigen, dass, wenn ich ein junges Rennpferd habe, es am schnellsten in die innere Balance kommt, wenn es rennen darf. Das klang logisch.

Peggy lehrte mich, dass ich die Vorstellung, wie mein Pferd zu sein habe, loslassen musste, damit sie sich frei entfalten konnte. Ich lerne von ihr, dass sie ihre eigene Chemie hatte, ihr eigenes Wesen und dass es nicht schlimm war, dass sie ihren eigenen Kopf hatte und diesen auch benutzen wollte. Ich lernte, aufzuhören, sie manipulieren zu wollen und vergrößerte meine gedanklichen und emotionalen Schubladen. War sie halt anders, als ich gedacht hatte. Machte nichts. Damit war ich schnell fertig, denn ich fand mich darin wieder. Ich war auch irgendwie anders. Ich ließ los, wie sie sein sollte und nahm an, wie und was sie war. Auf diesem Weg entwickelte sie sich zu einer traumhaften Lehrerin, Freundin und Begleiterin. Ich lernte, wie glücklich und verstanden sie sich fühlte, wenn ich ihr zuhörte und ihren Bedürfnissen Raum gab. Ich lernte, sie sein zu lassen wie sie ist und dieses mit vollständigem Respekt zu honorieren. Sie gab mir ihr Leben lang alles von sich, was sie vermochte zu geben und ich erfuhr größtes Glück durch gegenseitige Annahme und Verständnis.

Sie eines Tages gehen zu lassen war abzusehen, denn sie verbrachte ab ihrem fünften Lebensjahr ihr gesamtes Leben bei und mit mir. Ich konnte erleben, wie sie alt wurde und konnte spüren, als die ersten Anteile von ihr sich langsam verabschiedeten, um zu sterben. Ich lernte von ihr, wie Sterbephasen verlaufen und sie gestattete mir, sie zu begleiten. Ich empfand das als großes Geschenk. Diese Art des Loslassens war für mich ganz natürlich und unumgänglich. Sie war für viele Jahre die perfekte Begleiterin.

Während ich die Pferdeschule mit Pensionsstall besaß, durfte ich immer wieder neue Pferde zur Therapie aufnehmen, sie ein Stück ihres Weges begleiten, und dann wieder loslassen. Dadurch, dass ich sie in die allerbesten auffindbaren Hände gab und mir der Verantwortung bei der Vermittlungsentscheidung voll und ganz bewusst war, hatten die abzugebenden Pferde immer eine hoffnungsvolle Perspektive. Ich konnte ihnen genau das ermöglichen und die Weichen für sie stellen helfen, was ihrem Wesen entsprach und ihnen so gerecht werden. So war das Abgeben immer ein Moment der Freude. Sie begingen Neuland – perspektivisch wohl behütet und so sicher, wie man sich in dieser Welt sein konnte. Mir war klar, dass sie, wenn sie gingen, den Platz für jemanden Neues frei machten. So viele Pferde hatten es verdient, in eine Situation zu gelangen, in der ihnen geholfen wurde, wieder auf ihren Weg zu kommen. Sie alle zusammen lehrten mich, (nur) eine Position im Leben einzunehmen und entschlossen und verantwortungsbewusst danach zu handeln. Sie gaben mir das Gefühl, dass ich eine Berufung hatte, der ich gerecht werden konnte. Und sie lehrten mich bedingungslose Liebe für die Zeit, die wir zusammen hatten. Ich hatte sie stets behandelt, als würden sie für immer meine Pferde sein. In dieser Chemie konnten sie sich alle hervorragend entwickeln. Und sie brachten mir den Wesenstest für Pferde, mit dem ich hilfreich anderen zur Seite stehen konnte, Menschen wie Pferden. Sie haben mir damit ein großes, nachhaltiges Geschenk gemacht. Von nun an konnte ich beide Seiten bereits beim Kauf vor Fehlentscheidungen schützen, wie einst mein Großvater es für mich getan hatte.

In Kursen und Seminaren nahm ich mich immer gerne den Pferden mit den größten Problemen von Herzen wirklich an. Während ich ihnen und ihren Haltern etwas zeigte, verschmolz ich zum Teil so sehr mit ihnen, dass ich ihr Wesen und ihre Probleme annähernd zu verstehen begann und fühlen konnte, wie es ihnen ging. Sie nach dem Kurs und dem Kommunizieren der Erkenntnisse wieder zu entlassen, war zwar auch ein Loslassen, jedoch ein geplantes, voraussehbares. Ich hatte ihnen etwas mit auf den Weg geben können, was eine Verbesserung einleiten konnte, wenn die Halter es fortführen würden. Die Verantwortung wieder zurückzugeben in die Hände, die sich jeweils dazu berufen fühlten für jedes Pferd, war eine Erleichterung nach den intensiven verschmelzenden Einheiten. Dieses Loslassen war nur der Abschluss einer guten Begegnung und Teil drei der Gesamtlektion von bedingungslosem Annehmen – Sicherheit und Halt geben – Loslassen beziehungsweise Zurückgeben in die Eigenverantwortung und die ihrer Halter. Ich lernte, dass ich nur für einen Augenblick wichtig war und lernte diesen Augenblick mit Sinn und Inhalt zu füllen, ganz individuell.

Auf dem Therapiehof war es mir ein Bedürfnis, dass die Reittherapiestuten alle paar Jahre eine Pause brauchten, um sich von der emotionalen Arbeit mit Menschen wieder zu renaturalisieren. Daher durften Stuten, die bei uns wohnten, alle paar Jahre ein Fohlen bekommen. Mit der Zeit wuchs unsere Stammherde auf solch eine Größe an, dass auch diese wunderbaren jungen Pferde eines Tages ein neues zu Hause brauchten. Dafür wartete ich stets, bis die Stuten sie von alleine abgenabelt hatten und die jungen Pferde flügge wurden. Ich lehrte sie eine positive Grundhaltung gegenüber Menschen und aufgrund ihrer Präsenz auf dem Hof kamen früher oder später die richtigen Bewerber und fanden in ihnen *Ihr* Pferd. Einige verbrachten ihre gesamte Grundausbildung bei uns. Sie dann, als es so weit war, in diese herzlichen Hände abzugeben, fühlte sich ganz leicht, selbstverständlich und friedvoll an. Niemand musste darunter leiden, die Zeit war einfach reif und ihr Weg führte auf natürliche Art und Weise weiter. Ich lernte, dem Fluss des Lebens zu vertrauen. Wenn die Zeit reif war, brauchte es gar keine Anstrengung, die richtigen Menschen zu finden. Sie kamen dann einfach. Ich lernte, dem

Lebensstrom immer mehr ohne Druck und Anstrengung zu folgen und verabschiedete mich vom Forcieren.

Dann ging es eines Tages um die Auflösung der Stammherde, weil ich beschlossen hatte, den Betrieb zu verkaufen und mich mit allem, was ich hatte, zu verkleinern. Es war eine selbstachtende Entscheidung und betraf maßgeblich die Weichenstellung meiner eigenen Zukunft. So war der Verkauf einzelner Pferde, die mich schon lange begleiteten und die wahre Therapeuten in der Arbeit mit Menschen waren, notwendig und wichtig, um meine nächsten persönlichen Schritte realisieren zu können. Um mich aus meiner eingefleischten Rolle zu trennen, musste ich mich von ihnen verabschieden. Da ich mir insgesamt dafür auch drei Jahre Zeit ließ, um für jedes Pferd ganz in Ruhe und ohne Druck nach dem passenden Menschen Ausschau zu halten, war dies nur ein selbstverständlicher nächster Schritt. Nicht nur in ihrem Leben, nein, vor allem auch in meinem. Da ich mit meiner gesamten Absicht, ab nun mehr und achtsamer als zuvor für mich und meinen Weg zu sorgen, anstatt stets für viele andere zu sorgen, hinter der Entscheidung stand, war das Loslassen ein Gemisch zwischen Notwendigkeit und Hoffnung für ihre und meine positive Zukunft. Ich hatte gewartet, bis jedes einzelne so weit war und löste mich schon während der letzten Wochen der gemeinsamen Arbeit mehr und mehr aus der Beziehung, um keine große Trauer hervorzurufen. Die richtigen Menschen kamen, wohldosiert, einer nach dem anderen. Ich nahm mir genügend Zeit, die Bewerber kennen zu lernen und konnte die Pferde gut vorbereitet gut loslassen. Bis heute habe ich zu jeder einzelnen Pferde-Mensch-Familie Kontakt beziehungsweise könnte Kontakt haben. Einige Pferde betreue ich nach wie vor weiter und auf diese Weise ist das Loslassen nur ein zutrauendes Weiterziehen lassen, hinaus aus meinem persönlichen Alltagskontext und Dunstkreis. Für alle von uns begann ein neues Leben. Ich lernte dabei, wie wichtig es ist, selbst die tragende Rolle im eigenen Leben zu spielen, auch wenn das bedeutet, Opfer zu bringen. Die Situation lehrte mich, dass ich reich dafür beschenkt wurde, sie gehen zu lassen und mich in dem Moment für mich zu entscheiden. Ich wurde mündig in meinem zum Teil fremdbestimmten Leben und lernte und lerne immer noch die gesunde Form der Selbstbestimmung. Ich habe dadurch erfahren, dass es mir jederzeit gestattet ist, für mich zu sorgen und mich neu zu erfinden. Ich habe gelernt, dass dort, wo die größte Angst ist, der Weg entlang führt. Egal wie viel man sich vorher bemüht, eingebracht oder vorher investiert hat. Das kann nicht der Grund dafür sein, an einer Situation, einem Beruf, einer Vision oder einer Rolle für immer festzuhalten. Der Preis wäre zu hoch. Wenn der Weg sich öffnet, um weiter zu gehen, ist es eines Tages leichter, ihn zu gehen, als unerlöst stehen zu bleiben. Dadurch konnte ich verstehen, dass ich in der Lage bin, mein Leben selbst zu gestalten. Immer wieder neu.

Von drei Pferden konnte ich allerdings vorerst nicht so schnell loslassen. Sie waren nach dem Verkauf des Hofes auf unterschiedliche Weise noch ganz wichtig für mich. Oder ich bildete mir ein, es wäre noch wichtig für sie gewesen, einen Teil des Weges mit mir zusammen zu gehen. Dem fünfjährigen Youngster traute ich aufgrund seiner Sensibilität zu der Zeit noch nicht zu, sich von meinem weisen Llano, seinem Mentor, der ihn liebevoll adoptiert und erzogen hatte, zu trennen. Und ich maßte mir an, dass speziell meine Ausbildung noch wichtig für ihn sei, um in der Welt mit fremden Menschen zurecht zu kommen. So ließ ich ihm diese Ausbildung noch ganz in Ruhe zwei Jahre lang angedeihen und half ihm, unterschiedliche Menschen kennen und mögen zu lernen. Eines Tages spürte ich, dass er jetzt in sich gefestigt genug war und dass es jetzt an der Zeit war, die richtigen Menschen für ihn zu finden. Wie durch Magie rief mich an dem Abend, an dem ich die Entscheidung traf, ihn nun bald abzugeben, genau der Mann an, in dessen Familie ich dieses Pferd gerne, tatsächlich im Idealfall, hätte abgeben wollen.

Das junge Pferd war ihm schon als Fohlen auf unserem Hof aufgefallen, doch da stand es außer Frage, ihn überhaupt jemals zu verkaufen. Zudem steckte der Mann zu dem Zeitpunkt selbst noch bis über beide Ohren in der Arbeit fest. Am Telefon fragte er direkt nach ihm. Da dieser Mann jetzt weniger arbeiten müsste und er sich endlich das perfekte Pferd wünschte, fühlte ich mich geehrt, dass er direkt nach dem jungen Wallach fragte. Die Begeisterung für dieses Pferd hatte über Jahre standgehalten, es war nur noch nicht so weit gewesen. Dann ging es ganz schnell. Wir trafen uns, die Familienenergie stimmte mit der des Pferdes größtenteils überein und ich konnte ihn schon in der Woche darauf wohlwollend umziehen lassen. Da ihm es dort von Anfang an so wunderbar ging, war auch hier das Loslassen kein Thema. Er traf auf dem Hof sogar seine damals beste Pferdefreundin wieder, mit der er die ersten zwei Jahre seines Lebens als Fohlen glücklich zusammen aufgewachsen war. Die beiden hatten sich damals sehr gemocht und es war hart für uns alle, sie voneinander zu trennen. Nun war die Familie soweit, noch ein weiteres Pferd von uns aufzunehmen. Die Zusammenführung war sagenhaft und schön, das Loslassen deshalb kein Problem. Ich lernte vor allem, dass alles zu seiner Zeit geschieht und man das Schicksal nicht drängen kann. Alles zeigt sich von ganz allein, wenn es so weit ist. Durch dieses perfekt getimte Wunder wurde ich wieder einmal darin bestärkt, nicht nur dem Leben, sondern auch meiner feinen Wahrnehmung zu vertrauen. Das gab mir den nächsten Schub in der Entwicklung meines Selbstvertrauens.

Nun hatte ich noch zwei Pferde. Meine geliebte, wegweisende Stute Molly, die ich erst seit kurzem, genauer gesagt, seit drei Jahren, hatte. Von ihr wusste ich noch gar nicht genau, ob ich sie jemals loslassen wollen würde. Sie hätte ebenso gut meine Lebensbegleiterin werden können. Und bei mir lebte noch mein fast zwei Jahrzehnte lang mich begleitender Lehrer, Entwicklungshelfer und wegweisender Llano. Sie beide schienen lange wesentlich wichtig für mich zu sein. Ganz persönlich für meine Entfaltung, meinen Frieden und meine innere Stabilität. Lange schienen diese beiden mir unentbehrlich. Doch ich erkannte, nachdem sie nur noch zu zweit auf einer großen Wildweide lebten, dass sie nicht recht viel miteinander zu tun hatten. Sie mochten sich zwar, aber ihre Zeit teilten sie nicht wirklich miteinander. Sie standen einfach zu zweit auf der Weide und lebten einzeln vor sich hin. Ihnen fehlte die Herde. Zu zweit war es für sie zwar möglich zu leben, aber reizlos.

Die junge Sweet Molly stand als fünfjährige Connemarastute nun in den Startlöchern. Sie wollte viel mehr tun, als ich. Jeden Tag bat sie mich, doch wieder mit ihr zu spielen oder zumindest in den schönen Wald auszureiten. Und wenn wir damit fertig waren, wurde klar, sie wollte jetzt gerne alles noch einmal von vorne machen. Sie bekam einfach nicht genug von der Interaktion mit ihrem Menschen. Das ehrte mich sehr und stimmte mich gleichzeitig glücklich und demütig.

Doch ich hatte in der Zwischenzeit viele alte Häute abgelegt und war gar nicht mehr die Frau, die jeden Tag nach der beruflichen Pferdearbeit noch unbedingt stundenlang ausreiten wollte. Oft war ich nach den täglich anfallenden Arbeiten auf der großen Weide einfach kräftemäßig müde und ausgelaugt.

Molly liebte es, etwas Sinnvolles zu tun. Jetzt stand sie mit dem alternden Llano zusammen, der Fellkraulen, Wettrennen und wetteiferndem Spaß nicht mehr so viel abgewinnen konnte, wie früher. Er möchte es mittlerweile gesittet, ruhig und gemütlich. Er liebte es, ein junges Pferd zu erziehen und ihm Halt zu geben. Doch auch das brauchte er bei Molly nicht mehr zu tun. Sie war nun reif und erwachsen geworden. Er selbst wollte schon noch gerne seine persönliche, tägliche Ansprache, und auch gerne mal etwas tun, wie Freiarbeit im Round Pen oder ähnlichem. Mit der Betonung auf „mal". Dabei mochte er die wiederkehrende Struktur in der Arbeit und seine Rituale. Llano liebte seine Ordnung, Molly liebte lebenswertes Chaos. Die beiden passten nicht wirklich mehr zueinander. Aus der menschlichen Perspektive hätte man zwar sagen können, sie ergänzen sich perfekt, doch die Pferde selbst sahen das anders und zeigten das auf ganz natürliche Weise. So sah ich mich um, um die auf sie angepassten neuen Perspektiven zu suchen und ihnen zu ermöglichen, glücklich und zufrieden zu werden.

Für mich selbst hieß das, mich ohne mich selbst in Zukunft auf der Basis von Pflichtgefühl und Verantwortung verbiegen und mich ständig ihren Bedürfnissen anpassen zu müssen, selbst neu zu orientieren um mich entfalten zu können. Wären diese beiden wundervollen Pferde in der von mir sehr pferdegerechten Haltung mitten in der Natur, mit viel Ruhe und Freiheit, dem Leben am Fluss, mit Wald, Hang und Wiese, Besuchen von Wildschweinen, Rehen, Kranichen, Fuchs, Hase und Igel glücklich gewesen, ohne dass ich mich hätte verbiegen müssen, hätte ich sie mindestens ebenso gerne hier behalten. Doch beide wollten mehr.

Llano stand immer öfter am Zaun und spähte in die Ferne, als ob er auf jemanden warten würde. Und ich bekam ein immer schlechteres

Gewissen, ihn eingesperrt zu halten und damit aufzuhalten. Ich arbeitete und spielte häufig mit ihnen beiden, weil ich den hohen Anspruch an mich selbst hegte, es tun zu müssen, um beiden gerecht zu werden. Ich hatte es versprochen. Und ich nahm dieses Versprechen ernst und handelte danach. Ich war sehr streng mit mir in der Einhaltung meines Versprechens. Selbstehrlich erkannte ich jedoch, dass ich selbst immer öfter Lust auf etwas Neues in meinem Leben verspürte und meine Arbeit mit zu coachenden Menschen und Pferden so sehr liebte, dass ich am liebsten meine gesamte Zeit damit verbringen wollte. Die ersehnte Intensität gestaltete sich als etwas, dem ich nicht vollständig folgen konnte, wenn ich in Eigenregie für zwei so unterschiedliche Pferde verantwortlich bleiben würde. Ich konnte zwar tagsüber losfahren, um meiner Berufung nachzugehen, doch Kursanfragen in weiterer Entfernung oder Vorträge und Kurse in anderen Ländern konnte ich mangels einer zweiten sich verantwortlich fühlenden Person, die ich über Monate versucht hatte zu finden, nicht nachgehen und musste permanent Dinge absagen, die ich gerne getan hätte. Und einen Platz im Pensionsstall, so natürlich, wie ich es mir für diese beiden Pferde vorstellte und wie sie es gewohnt waren, gab es in der Umgebung nicht.

Molly rosste mittlerweile bei jeder Gelegenheit und es war klar, dass sie auf allen Ebenen durchstarten wollte. Ihre Natur rief sie mit lauter Stimme, ganz das Pferd zu sein, das sie ist. Ich konnte es kaum aushalten, dass sie so viel motivierter war, aktiv zu werden, als ich oder Llano. Sie sollte auf keinen Fall bei uns versauern und in der Kleinstherde vereinsamen oder gar traurig werden, weil das Leben ihr nichts Aufregendes bieten würde. So rief ich eine befreundete Connemara-Züchterin an, ob sie sie aufnehmen wolle, damit Sweet Molly bei ihr Mutter werden könne, so wie ich es zuvor auch jeder Stute unseres ehemaligen Hofes ermöglicht hatte. Schnell wurden wir uns einig, da auf dem Gestüt noch andere Pferde aus Mollys Stammherde in Dänemark lebten. Sie konnte schnell in eine entsprechende Herde umziehen, hatte die Hengste vor Ort, lebte in einem Teil ihrer Geburtsfamilie und wurde nebenbei gut vom Boden gearbeitet und zwischen dem Bekommen der Fohlen regelmäßig in der Natur geritten. Sie hatte eine beherzte Reit- und Pflegebeteiligung und ich konnte von Anfang an jederzeit zu ihr, wenn ich das Bedürfnis hatte und die egoistische Sehnsucht in mir drückte. Es gab also nur ein örtliches Loslassen. Dadurch, dass ich Sweet Molly von Anfang an in den allerbesten Händen wusste, war es in mir nach anfänglichem Aufbäumen schnell ruhig geworden. Ich war zufrieden und sehr glücklich damit, sie ihre natürliche Mutterstutenerfahrung erleben lassen zu können. Nach zwei oder drei Jahren werden wir sehen, wo zum einen Molly, zum anderen ich dann stehen. Vielleicht werden wir uns gegenseitig dann wieder mit Leichtigkeit und Freude gerecht. Vielleicht auch nicht. Darum mache ich mir Gedanken, wenn es so weit ist. Ich weiß, Molly lebt erst einmal ganz genau das aus, was für sie wichtig und von natürlicher Bedeutung ist. Das war immer meine Absicht und Motivation in der Pferdehaltung. Ich war was Pferde betrifft immer schon von dem Wunsch geprägt, sie stets ihren eigenen Lebensweg nachgehen zu lassen, auch wenn mir das vielleicht hier und da nicht persönlich passen oder gefallen würde. Das Nachgehen des eigenen Weges macht nicht nur wie in diesem Fall Molly frei, sondern auch mich. Es ist das Gefühl von Freiheit, zur rechten Zeit am rechten Ort zu sein. Nichts drückt, nichts schiebt, alles ist, was es ist. Das ist Leben im Jetzt – so gesehen ist dies eine weitere Definition von Freiheit und ich durfte meine Lektion darin erkennen lernen. Zwar war mir die schnelle Reaktion der Züchterin viel zu rasant, und viele meiner Anteile stemmten sich kurz mit aller Macht dagegen, doch für

Molly war es der allerbeste Zeitpunkt umzusiedeln. Es muss schon sehr dringlich in ihr gewesen sein, die Zeit war sehr reif, ansonsten hätte die Zusage sicherlich Wochen gebraucht, nicht Stunden. Ich musste und durfte lernen, dass es jemanden gab, dessen Entwicklung schneller war, als meine. Ich lernte, dass, obwohl die Entscheidung richtig war, ich selbst etwas Zeit zur Verarbeitung brauchte, um nachzukommen. Doch nachdem ich sie das erste Mal auf ihrem neuen Hof inmitten der Connemara-Herde besucht und sie gesehen habe, weiß ich, dass es in Ordnung ist, auch mal die langsamere von beiden zu sein. Ich lernte, diejenige zu sein, die nicht alles kontrollieren kann und dadurch die Chance hat, sich anzupassen und sich auf die Vorschläge des Lebens einzulassen. Ich lernte auch, dass Connemaras in einer Connemara-Herde mehr zu Hause finden können, als ich jemals in der Lage sein würde, ihr künstlich aufzubauen. Sie gehörte vom ersten Tag an einfach dorthin und war glücklich, zufrieden und ausgelassen. Es gab innerhalb der Herde nicht einmal viel Wind bei der Integration. Molly wurde einfach aufgenommen als ein noch fehlendes Teil des Mosaiks. Sie zurückzugeben in diese ursprünglich natürliche Herde zähmte mein Ego noch einmal mehr und ich konnte üben, gelassen hinzunehmen, was richtig ist. Es gibt keinen Grund, sich dagegen zu sträuben, das verstand auch der Verstand. Dabei lernte ich auch noch einmal neu, wie es befreit, überdrüssige Aufgaben einfach abgeben zu dürfen an Menschen, die sich der Sache gegenüber berufen fühlen. Ich realisierte, dass es auch für mich zutrifft, dass für manche Dinge die Zeit eines Tages einfach vorbei ist.

Und dann kam die schwierigste Lektion. Das Loslassen des geliebten Llano.

Seit über achtzehn Jahren begleitete er mich. Llano hat mich im wahrsten Sinne des Wortes damals aus der Lebensmüdigkeit gerettet und ich ihn. Nachdem im Frühjahr 2000 mein damals sehr geliebter Partner bei einem Verkehrsunfall verstarb, fand ich Llano im Sommer darauf über eine Zeitungsanzeige. Oder er mich? Das hat sich nie geklärt, und war auch nie wichtig. Von Bedeutung war nur, dass wir einander wie magisch begegneten, genau im richtigen Augenblick.

Zu der Zeit wusste ich weder ein noch aus. Ich hatte zwar meine Peggy, die mir etwas Halt in dieser herausfordernden Lebenssituation gab, aber für die diese Aufgabe etwas zu groß erschien. Peggy war energetisch eher dem Himmel zugeordnet. Was ich zu der Zeit dringend brauchte, war Boden. Ich wusste nicht, wer ich zu der Zeit war oder jemals werden wollte oder sollte. Alles machte überhaupt keinen Sinn in meinem Leben, all meine Pläne vom Arbeiten mit Menschen und Pferden waren den Bach runter gegangen, ich hatte den Mut und den Rückhalt verloren. Ich fühlte mich vollständig leer und allein. Bis ich Llano begegnete. Er hatte immer einen Rat für mich, immer eine Lektion, die mich wieder ins Jetzt holte, war stets da, um mir Struktur, Halt und Ordnung zu geben und ärgerte mich (manchmal auch wirklich doll), wenn es nötig war und ich mich kontemplativ über den Sinn des Lebens sinnierend in meiner Komfortzone verkroch und der Meinung war, ich wäre „zu klein“ und „zu allein“ für das, was ich mir einst vorgenommen hatte. Stets forderte er mich heraus. Stets überging er meine Grenzen und zeigte mir meine Größe, wenn ich bereit war, mich dieser Grenzüberschreitung zu widmen und daran zu wachsen. Für, mit, wegen und durch Llano entwickelte ich dann doch das Pferdeschul- und Therapiekonzept, das ich mir schon Jahre zuvor als Vision vorgestellt hatte. Llano zeigte mir, wie es mit Inhalt zu füllen war. Er lehrte mich, einen Schritt nach dem anderen zu gehen und auch schwierige Entscheidungen durch innere Ausrichtung mit Leichtigkeit zu fällen. Das war nicht immer einfach, denn Llano war anfangs wahrhaftig gefährlich mit seinen Angriffen und Ausbrüchen. Er wusste selbst nicht, wo er anfing und aufhörte – und das galt für alle Ebenen.

Durch seine in ihm zu heilende Situation zogen immer mehr Pferde ein und wuchsen langsam zu seiner Stammherde heran, in der er als Leittier sehr aufging und sich selbst nachhaltig wiederfand. Stück für Stück verhielt sich dieses weit von sich abgerückte Pferd sozialisierter und fand zu seiner natürlichen Struktur zurück, die Kompetenz eines sehr guten Anführers. Er konnte Menschen und Pferde lenken, leiten und sie anleiten, selbst Führung zu übernehmen. Das war eins seiner größten Bedürfnisse: geführt werden. Aber ausschließlich und nur von jemandem, der es besser konnte als er. Ansonsten wollte er den Job lieber selbst machen. Gemeinsam eroberten wir unseren Boden zurück und stellten uns gemeinsam berufen in den Dienst von Mensch und Tier. Gemeinsam trauten wir uns, mehr und mehr ganz wir selbst zu sein, was für mich bedeutete, sich dem Leben wieder anzuvertrauen und sich den Weisungen des Lebens erneut und mutig hinzugeben. Ihm habe ich meine Weite, das Finden meiner wahren Berufung und meiner Kompetenz zu verdanken. Durch ihn hat meine sehr ausgeprägte Spiritualität Boden gefunden und ich bin durch seine Schule in die Lage versetzt worden, dies auch anderen zu zeigen. Er hat mich auf allen Ebenen zwar herausgefordert, aber gerade dadurch unendlich meine Grenzen erweitert – vor allem die der Belastbarkeit. Er hat mich kreativ werden lassen und mir meine Intuition gestärkt. Von ihm habe ich den Mut, mich in der Welt zu zeigen und mein Innerstes zu offenbaren.

Doch eines Tages spürte ich, wir sind so etwas wie quitt. Ich gab ihm alles von mir und er gab mir alles von sich. Das war eine lange, aufregende Zeit mit viel Herausforderung, Reibung und notwendiger

Kreativität gewesen. Wir kannten einander in jeder Reaktion, jeder Zelle und voneinander jede nur denkbare Emotion. Wir hatten alles geklärt, was zwischen zwei Lebewesen klärbar war. Das zu erleben war und ist ein wundervolles, hoffentlich gegenseitiges Geschenk. Echte Verbundenheit, unabhängig von Raum und Zeit. Er hat mich in Unendlichkeits- und Ewigkeitsbewusstsein geschult. Auf der Basis tiefer Freundschaft.

Seit diesem Tag schaute er immer wieder weit über den Zaun in eine bestimmte Richtung. Ich hatte das erst nicht richtig verstanden. Ich hatte ihm alles so schön, so perfekt in meinem nun neuen Leben arrangiert. Er hatte sogar die wundervolle junge Stute Sweet Molly dazu bekommen. Doch ich vernahm, dass er nun los musste, wie alle vor ihm, um sich dem nächsten Kapitel seines Lebens zu stellen und zu widmen. Bei mir wäre jetzt nur noch glücklich alt werden angesagt gewesen, für ihn schien das, wie der Tod nach diesem inhaltlich sehr bewegten Leben. Zum Sterben war es für ihn noch viel zu früh. Ihm fehlte es an neuem Anreiz durch echtes Leben.

Ich ging mit ihm in einen seelischen Kontakt und glaubte, meinen inneren Ohren nicht zu trauen, bei dem, was ich vernahm. Denn genau das, was ich für ihn vermutete, was zu tun sei, spiegelte er nun mir zurück. Er vermittelte mir seinen Eindruck, *ich* sei diejenige, die nun endlich los müsste. Los, meinen neuen Weg zu beschreiten. Nicht mehr abwarten, nicht mehr sich rausreden, nicht mehr parken... Dabei dachte ich, das täte ich längst…!? Ich hatte doch so vieles verändert?

Er war der Meinung, ich befände mich aktuell nur in einer Ausruhphase nach den jahrzehntelangen Strapazen. Jetzt, da eine Weile der Regeneration verstrichen sei, wäre es an der Zeit, dass ich endlich richtig in Gang kommen sollte. Wochen, ja Monate versuchte ich zu ignorieren, was er mir immer häufiger mitteilte. „Wann fängst Du endlich an?“, fragt er mich. „Worauf wartest Du?“, „Wann bist Du endlich soweit?“. Fragen über Fragen übermannten mich, sowie ich bei ihm in der Nähe war. Ich erkannte durch Llano, dass es noch nichts bringt, sich rein äußerlich zu verändern. Pferde loslassen, Hof verkaufen, umziehen...letztendlich war ich in derselben Schleife wie zuvor: morgens Pferde versorgen, arbeiten gehen, abends Paddocks sauber machen, Heu organisieren, Schubkarren schieben. Es war doch egal, ob für einzelne oder für viele Pferde. Würde ich ihn und Molly nicht loslassen, hätte das wahrhaftig Neue gar keine Chance. Ich musste weiter loslassen, bis es nichts mehr loszulassen gab. Erst dann würde Platz für wahrhaftig Neues entstehen. Ich lernte, wie recht er hatte und welch weiser Vertreter der Pferdewesen mich lehrte. Ich bekam erneut Hochachtung und Respekt vor ihm. Er war das seelisch größte Pferd, dem ich jemals begegnet bin. Ich lernte neu, Ehrfurcht zu haben. Nicht nur vor ihm, sondern vor allem vor dem Leben, das mir dieses Geschenk des Zusammenseins über so viele Jahre gemacht hatte.

Llano empfand Menschen schon immer als viel zu langsam in ihrer Entwicklung. Das hatte er mir schon Jahre zuvor vermittelt. Es kam der Tag, an dem nicht mehr zu überhören war, dass es um mich ging. Und er wusste genau, was er wollte. Und es schien, als ob längst jemand nach ihm suchen würde, deshalb stand er immer voller Erwartung am Zaun. Da begriff ich, dass ich ihn in einer Anzeige inserieren musste, um für diese Person, wer immer das auch sein würde, findbar zu sein.

Ich verstand zu dem Moment noch gar nichts. Und ich wollte auch noch nichts verstehen. Ich wollte, dass es ihm bei und mit mir gut ging. Und ich wollte vieles, sogar alles mir Mögliche dafür tun, dass er es perfekt hatte. Doch ich war nicht mehr die Frau, die er einst retten und lehren musste. Sein Auftrag mit mir schien beendet zu sein. Zu seiner vollsten Zufriedenheit. Er hatte geschafft, worum das Leben ihn gebeten hatte. Ich hatte nicht nur wieder Boden unter den Füßen, sondern mehr denn je. Ich wusste ganz konkret, wer ich war, ich wusste nur noch nicht, was ich jetzt genau damit tun wollte oder sollte, denn es war in meinem Leben noch nicht genug Platz eingeräumt. Ich spürte, ich sollte alles, aber auch alles, was mich mit der Vergangenheit verband, loslassen. Und ohne Llanos Aufforderung hätte ich mich sicher auch noch einige Zeit komfortabel darum gedrückt und gerne alles beim Alten belassen. Auch wenn das bedeutet hätte, dass ich auf meinem Weg nur stehe und parke, anstatt mich vorwärts zu bewegen, um etwas ganz Neues zu wagen. Eines Tages standen dann Llanos neue Menschen vor meiner Tür. Wir hatten uns verabredet, und als wir uns sahen, war alles eindeutig klar. Wir hatten nicht einmal viele Worte füreinander. Die Nischen zwischen den Zeilen waren so groß, dass das Jetzt deutlich im Raum stand. Im Jetzt sind keine Worte nötig. Alle waren am richtigen Tag am richtigen Ort. Keinen Tag zu früh oder zu spät. Llano mit ihnen gehen zu lassen, war ganz selbstverständlich und leicht. Ich bleibe die Patentante im Hintergrund, falls es einmal Probleme geben sollte. Schließlich kenne ich ihn wie meine Westentasche und kann hilfreiche Impulse geben, falls die eines Tages nötig wären. Und ich spürte zu den beiden Menschen, zu Llano, zu mir und zum Leben persönlich immenses Vertrauen. Selten war ich mir einer Sache ohne viele Worte so sicher gewesen. Nachdem ich ihn zwei Wochen nach seinem Umzug in die kleine Herde im Norden besuchte und sah, wie großartig es ihm ging und wie zufrieden er sich seiner neuen Aufgabe stellte, war es ganz leicht, ihn wahrhaftig loszulassen. Als Freundin in Ewigkeit.

Ein geliebtes Pferd seinen Weg gehen lassen

Sich an seinem eigenen Herzen zu orientieren ist harte Arbeit. Es ist die leisere Stimme in einem, die, die mit Macht, Dominanz und verfestigter, hierarchischer Struktur nicht umzugehen weiß. Das Bewusstsein des Herzens in uns ist gleichzeitig uralt und parallel dazu so jung wie ein Kind. Es hat das Wissen und die Weisheit von allem was wir auf unserem Seelenweg jemals getan, vollbracht und hinter

uns gelassen haben. Und es weiß, was vor uns liegt. Es weiß um die richtige Entscheidungen und den richtigen Moment für uns, es kann all das verstehen, wovon der Verstand in uns keine Ahnung hat.

Der Verstand versucht händeringend die Macht und die Kontrolle zurückzuerlangen. Er sucht nach Erklärungsmustern aller Art, um sich auch nur an irgendetwas halten zu können. Der Verstand leidet unter der Ohnmacht, wenn wir dem Herzen bewusst die Oberhand gewähren. Es ist nötig, dass wir von Herzen dem Verstand immer wieder suggerieren, dass uns und ihm nichts geschehen wird, solange wir auf das Herz hören. Solange wir auf das Herz hören, sind wir auf unseren Weg, so absurd dieser aufgrund unserer verstandesgemäßen Lebensplanung auch hin und wieder erscheinen mag. Dieser Weg ist richtig und sicher. Erst viel später wird uns in der Rückschau nach und nach klar, warum diese Herzensentscheidung voller Sinn und Bedeutung für uns persönlich ist. Es fällt manchmal schwer, sich an niemandem orientieren zu können, wenn wir persönliche, Lebensweg betreffende Entscheidungen zu fällen haben. Es gibt niemanden auf der ganzen Welt, der haargenau in der gleichen Situation steckt wie wir und dazu noch auf dem gleichen Erfahrungs- und Seelenweg ist. Wir sind einzigartig. Wenn wir an diesem Punkt angekommen sind, gibt es niemanden mehr, der uns zu hundert Prozent verstehen kann und keinen, der wahrhaftig nachvollziehen kann, was wir tun, außer unserem Herzen. Es gibt niemandem mehr, der uns wahrhaftig lehren und helfen kann, es gibt dann nur noch uns selbst, verbunden mit der eigenen, inneren Führung. Das macht erst einmal Angst.

Solange wir in uns hinein horchen, wissen wir, dass dieser Funke in unseren Herzen stets *für* uns ist, und niemals dagegen. Je mehr es um den eigenen Lebensweg geht, und je weiter wir von diesem ganz persönlichen, individuellen Weg abgerückt waren, desto schwieriger fallen die wirklich gewichtigen Entscheidungen. Sie erscheinen unnötig, absurd, zu schwierig, anders als bei den anderen, ungerecht, unfair, zu früh auf uns zu kommen oder zu spät. Vielleicht haben wir viel investiert, Zeit, Gefühle, intensive Auseinandersetzung um dorthin zu kommen, wo wir gerade noch standen und sehen erst einmal nicht ein, auch nur irgendetwas davon aufzugeben. Das große Unbekannte steht vor uns wie ein angsteinflößendes Monster. Wir müssen in uns selbst die Komfortzone verlassen, um uns wieder auf uns selbst einzustellen, und den falsch gewählten Weg, der aus der Sicht des Herzens im Grunde niemals falsch war, sondern nur ein mit Lektionen gespickter Umweg, selbstliebend korrigieren. Wenn der so genannte Umweg schon vor langer Zeit angefangen wurde zu gehen, dann haben wir bis zu diesem Punkt viel gelernt, aber es scheint unmöglich, mit Leichtigkeit auf den rechten Pfad zurückzukehren. In solchen Momenten hilft uns unser physischer Körper. Der Kampf zwischen Verstand und Herz findet statt und zeigt sich als Fieber, Schwindel, Ohnmacht, dem körperlich wahrhaftigen Gefühl von Zerrissenheit, Verrücktheit, Schmerz und vielem mehr. Wir leiden dann unter starken emotionalen Schwankungen und stehen eventuell enorm unter Druck. Die, die diesem Druck nicht standhalten können und sich demzufolge nicht in eine Richtung begeben, leiden eventuell unter depressiven Schüben. Lassen wir unseren Körper für uns arbeiten, wird er uns durch das energetische Feuer in neues Land bringen. Im Fieber oder einer Entzündung verbrennt all das, was der alten Zeit und der alten, selbstgewählten Form angehört. Dieses innere Feuer schafft damit den fruchtbaren, nahrhaften Boden für Neues. Doch das erschafft in unserer Wahrnehmung zuerst ein neues, vielleicht kaum überwindbares Dilemma für uns. Das Alte, die Vergangenheit, ist schon weg, und das Neue, die Zukunft, ist noch nicht da. Wir sind dem Jetzt wie ausgeliefert. Mit Hilfe unseres Herzens können wir lernen, uns auf die Aspekte zwischen neu und alt einzulassen. Wenn wir es schaffen, uns in dieses scheinbar dubiose Jetzt zu begeben, und uns Stück für Stück auf diese neue, noch mit Inhalt unerfüllte Stille einzulassen, dann begegnen wir wieder uns selbst. Und mit ihm allen in uns noch unerlösten Themen. Um sich an diesem neuen Platz zu festigen, benötigen wir Zeit und Raum. Wir müssen neuen Boden finden, und eine neue Form finden. Die neue Form kann eventuell mit der alten nicht mehr konform gehen. Alles ist neu. Was für eine große Chance! Von diesem neuen Standpunkt aus, den wir unter Umständen als solchen nicht einmal erkennen können, weil wir uns so chaotisch fühlen, können sternförmig alle Wege gegangen werden, die wir uns nur vorstellen können. Die Möglichkeiten scheinen unendlich, wir haben das Gefühl der Überforderung. Wofür sollen wir uns entscheiden? Welchen Weg sollen wir gehen? Was ist richtig?

Unsere Lektion des Lebens können wir auf vielen Wegen lernen. Das ist unsere persönliche Freiheit. Die einzige Gefahr, die wir uns in den Weg stellen, ist, dass wir die alte Form nicht komplett hinter uns gelassen haben und Altes einfach neu werden lassen und uns wiederholen. Wir beleben haargenau die Kopie dessen, was wir bis hierhin waren und immer getan haben. Das kann ebenso eine Option sein, wie auch eine vertane Chance. Jeder darf so entscheiden, wie es ihm gemäß angemessen erscheint. Es ist möglich, die alte Form neu zu beleben, um nicht die Orientierung zu verlieren, und sich in Sicherheit zu wiegen. Es gibt Halt, Dinge die man früher schon getan hat, weiterhin zu tun. Es spendet für eine gewisse Zeit Aktionismus und Sortiertheit. Und es ermöglicht, sich nicht dem schmerzhaften, inneren Aufräumen zu stellen.

Es ist aber genauso eine Herausforderung und eine unglaubliche Chance, sich als neugeboren zu betrachten, und alles, aber auch alles zu überdenken, was man in Zukunft tun und lassen möchte. Unsere alte Form sollte bei der Betrachtung der Vergangenheit nicht zu kritisch oder schlecht abschneiden. Es ist sicher sinnvoll, sich selbst zu reflektieren, doch immer nur durch das eigene Herz und mit viel Verständnis für sich selbst. Nur so kann Altes dauerhaft Frieden finden und sich in die Ruhe begeben. Wir brauchen nicht zu hart mit uns ins Gericht zu gehen. Es war eine Form, wie wir sie uns einst vorgestellt haben. Und wir haben sie selbst geschaffen und hoffentlich glücklich ausgelebt. Es ist gut, sich nachhaltig zu verstehen, warum etwas so war, wie es war oder wie es dazu kam. Das wachsende Bewusstsein darüber schützt uns vor wiederkehrenden Erfahrungen, die wir vielleicht ab jetzt gerne hinter uns lassen möchten. Wer möchte, dem begegnet ab nun nur noch Neues. Das ist eine Entscheidung. Das macht zwar vorerst etwas Angst, aber genau das ist Leben.

Als mir bewusst wurde, dass ich meinen Wegbegleiter und Freund Llano loslassen muss, war mir das verstandesmäßig überhaupt gar nicht klar. Und ich war auch nicht einverstanden. Ich fühlte, dass es so sein müsse, ich fühlte, dass es richtig wäre, ihn loszulassen. Ich spürte, dass er bereits in der Ferne nach jemandem Ausschau hielt. Aber mein Verstand war dagegen. In mir bäumte es sich immer wieder auf, als ich wahrnahm, Llano gehen lassen zu müssen. Diese Entscheidung entsprach nicht wirklich einem inneren Wunsch von mir, jedenfalls dachte das der Verstand eine Zeit lang. Doch die Entscheidung schien auf irgendeiner Ebene, die der Verstand nicht begreifen konnte, längst gefällt worden zu sein. Nur die irdische Umsetzung schien länger zu dauern, Zeit und Raum in Anspruch zu nehmen, und sie verlangte mir persönlich alles ab, was ich bis zu diesem Zeitpunkt gelernt hatte.

Ich musste realisieren, was ich wirklich fühlte. Ich musste begreifen, was ich realisierte. Ich musste annehmen, was ich begriffen hatte. Und ich musste lernen zu meinem Herzen zu stehen, denn es war ge-

nau das Gegenteil von dem, was der Verstand gewohnheitsmäßig von mir verlangte.

Hätte ich auf meinen Verstand (und mein Umfeld) gehört, hätte ich mein Wunderpferd Llano selbstverständlich behalten. Ich hätte einfach von vorn angefangen, viele hilfsbedürftige Pferdewesen zu sammeln, ihm eine Herde und eine Aufgabe darin zu kreieren und hätte so unsere neue Situation mit altem Sinn füllen können. Und immer, wenn ich mich wieder einmal auf den Verstand eingeschwungen hatte und mir ganz sicher war, dass Llano bei mir zu Hause alt werden würde, dass er auch in meinen Händen sterben können würde, ging es mir schlecht und irgendetwas in mir spürte, dass es so nicht richtig war. Ganz langsam begriff ich, dass ich mit meinen Entscheidungen auch *seinen* Weg begrenzte. Was war, wenn Llano noch etwas anderes vor hatte in diesem Leben, als mir zur Seite zu stehen, und hier alt und mürbe zu werden? Was konnte ich ihm noch bieten? Was war seine Berufung? Ich zerbrach mir nächtelang den Kopf darüber und kam zu keinem Schluss.

Erst an dem Tag, als ich aufhörte, es begreifen zu wollen, was hier geschah, kam Licht ins Dunkle. Mein Verstand war von all der Denkerei so erschöpft, dass er sich niederlegen musste. Mein Herz hatte mit einem Mal kräftig die Oberhand. Endlich. In meinem Herzen vernahm ich Llanos Stimme. Er machte mir klar, dass er in diesem Leben noch weiter müsste, und zwar rechtzeitig, bevor er zu alt dafür sei. Mit mir wäre er auf dem richtigen Weg gewesen, aber wir wären nun am Ende dieses gemeinsamen Weges angelangt. Ich habe Llano gegenüber all meine emotionalen Versprechen eingelöst, und andersherum hat Llano all seine stillen Versprechen mir gegenüber komplett und vollständig eingelöst. Wir haben uns alles gegeben, was in unserer Kraft stand. Wenn wir beide je auf unserem eigenen Entwicklungsweg weiter vorankommen wollten, dann müssten sich unsere Wege jetzt trennen.

Llano freute sich sichtlich darüber, als er sah, dass ich endlich verstand und annähernd so weit war. Es hätte lange gedauert, schmunzelte er, aber es war auch sehr viel zu tun, um alles Alte abzustreifen, betonte er. Das einzige, was mich jetzt noch in alten Mustern hielt und mit der Vergangenheit verband, war seine Präsenz. Würde ich ihn nicht loslassen, würde ich nie voll und ganz aus dem alten Schatten heraustreten können. Und würde ich ihn nicht loslassen, könnte auch ihm das nicht gelingen, da ich ihn mit dem gefärbten Blick meiner Vergangenheit betrachtete und in ihm das sah, was er stets für mich gewesen war. Das ist die menschliche Projektion.

Doch auch für Llano war es an der Zeit für eine Erneuerung. Er wollte sich und seinem Wesen für seine nächste Lebensphase selbst ein Stückchen näher kommen. Das schien mit unserer gemeinsamen Verstrickung unmöglich. Wir hatten die energetische Jugend miteinander verbracht, uns aneinander gerieben, uns miteinander die Hörner abgestoßen, uns festgehalten, wenn wir Macht und Ohnmacht ausgeliefert waren, und miteinander ein Projekt auf die Beine gestellt, das gesellschaftlich anerkannt, erfolgreich und ebenenübergreifend gewinnbringend für alle Beteiligten war. Nun war es Zeit, wahrhaftig erwachsen zu werden. Und das bedeutete, jeder von uns geht von nun an seinen selbstbestimmten Weg allein. Und seinen bestimmte er, nicht ich.

Für ihn war es an der Zeit, diese neuen Menschen zu finden. Menschen, die in ihm von Herzen das sahen, was er ist, aktuell, ganz im Jetzt, ohne Vergangenheitsverstrickungen und frei von allen Themen, die wir bereits bewältigt hatten. Auch Llano wollte die alten Schatten hinter sich lassen, wie ein vergangenes Leben. Von Herzen verspürte er den Wunsch, neu gesehen zu werden. Er freute sich darauf, diesen neuen Menschen seine Bedürfnisse mitteilen zu können und sie erfüllt zu wissen. Und er freute sich auf eine neue Aufgabe, die er für diese beiden neuen Leute umsetzen wollen würde. Nie zuvor habe ich dieses Bedürfnis von einem Pferd so vehement wahrnehmen können, wie von ihm. Ich hätte fast geschrieben, „wie von *meinem*", doch ich hatte von ihm die Lektion zu lernen und zu akzeptieren, dass er sich gehörte, und zwar mehr denn je.

Ehrlich gesagt: Ich hatte zuerst keine Ahnung nach welchen Leuten ich suchen sollte. Wie und wo sollte ich diese Menschen für ihn finden? Wie sollte ich sicher sein, dass die richtigen vor mir stünden, wenn sie da wären? Llano schmunzelte und bat mich, einfach auf mein Herz zu hören. Ihm war es klar, dass ich ihn nicht irgendjemandem einfach wahllos mitgeben würde, sondern dass ich ihn ausschließlich in die Hände der richtigen Menschen geben wollte, auf die er hier wartete. Ich hatte immer noch Widerstand in mir, ihn abzugeben. Mir war klar, dass ich ihn ausschließlich in bessere Hände als die meinen geben wollen würde. Und mir war klar, dass es nicht in Form einer Bewertung über gut und schlecht oder Pferde-Kompetenzen gehen müsse, sondern dass diese Menschen einfach ab nun Llanos neuem Lebensweg entsprechen müssten. Und Llano ihrem. Ganz ohne dass sich dabei jemand verbiegen müsste. So suchte ich gezielt nach einer Person, die, in diesem besonderen Fall gemeinsam mit ihrem Mann, nach genau so einem Pferd suchte, wie Llano war. So, wie er jetzt war, nicht das Pferd, das er einmal gewesen war. Nachdem der erste Vermittlungsversuch deutlich schiefgegangen war, weil ich noch Llanos alte Geschichte in der Anzeige beschrieb, mit der Absicht, dass sie jemanden fesseln sollte, und sich auch nur Menschen daraufhin einfanden, die mit diesen alten Dramen und Geschichten in Resonanz gingen, formulierte ich alles noch einmal um. Ich formulierte die Vermittlungsanzeige bezüglich Llano im Internet nur noch kurz und knapp. Ich schrieb nur noch drei Sätze und beschränkte mich ausschließlich auf Fakten, die im Jetzt den sich um ihn bewerbenden Besuchern sichtbar wären. Ich nahm alle Geschichten und Interpretationen aus der Anzeige heraus. Das war der Schlüssel: Ich formulierte eine Jetzt-Anzeige ohne emotionsgeladene Erfolgs-Story. Nachdem ich verstanden hatte, was Llanos Beweggründe waren, um seinen weiteren Weg getrennt von mir anzustreben, musste ich die Weichen für ihn ganz bewusst stellen und alles Alte bewusst weglassen. Ich lerne dabei von ihm, dass ich ihn viel zu sehr anhand unserer Gesamtgeschichte mit alten Dramen und überstandenen Themen identifizierte. Das war es, woraus er aussteigen wollte. Er war viel mehr, als meine Interpretation. Und er wollte auch die alte Rolle als Retter nicht mehr. Das war die Sackgasse inmitten einer zu eng gewordenen Schublade. Und was meinen Sie, was geschah? Bereits zehn Stunden nach Schalten der neuen Anzeige rief eine ganz bewegte Frau an, die Llano unbedingt kennenlernen wollte. Sie fühlte sich magisch von seinem Foto angezogen und musste es unentwegt anschauen. Parallel dazu stand er wieder einmal am Zaun und spähte in die Ferne. Später stellte sich heraus, es war die Richtung, aus der sie Tage später anreiste. Mit ihr kam ein Mann, der ab dem ersten Moment ebenfalls sehr von Llano fasziniert war. Er verlor an dem Tag all seine Ängste rund um große Pferde. Wir trafen uns alle miteinander, und es gab keine Worte. Es gab einfach nichts zu reden. Alle standen in ihrem Licht, und alles war so eindeutig und klar, dass viel Reden die Situation nur zerstört hätte. Wir trafen uns öfter, um zu sehen ob die Sache einen Haken hätte. Keiner von uns fand einen. Dieses Zuhause, über das ich an anderer Stelle mehr berichten werde, ist nun das perfekte für Llano. Auch hier gibt es etwas für ihn zu lernen, sich zu arrangieren, eine Aufgabe zu erfüllen, sich deutlich zu zeigen, wenn er Bedürfnisse hat.

Auf dem richtigen Weg zu sein, heißt nicht, dass ein Mensch oder ein Pferd auf einmal in einem Schlaraffenland lebt. Auf dem richtigen Weg zu sein bedeutet, genau dort zu sein, wo man sich ausleben und vom Leben lernen kann. Es bedeutet, sich einer Herausforderung und Aufgabe neu zu stellen. Es bedeutet, zu leben, es bedeutet nicht, mit dem Leben fertig zu sein. Es bedeutet nicht, sich bequem zurückzulehnen. Es bedeutet eine Sache ambitioniert neu anzugehen und sie zu starten.

So zog Llano knapp vier Wochen nach der ersten Begegnung aus. Die Tage vor dem Auszug waren sehr schwer für mich. Ich begriff nur langsam, was ich getan hatte. Ich hatte wahrhaftig auf mein Herz gehört und mein Verstand war immer noch nicht einig damit und hinkte verständnislos, fast fassungslos hinterher. Ich musste die Sache *tun*, um Herz und Verstand unter einen Hut zu bekommen. Ich fieberte, hustete, bekam eine Unterleibsentzündung. Es war sogar eine Operation nötig, um dem Körper zu helfen, Dinge voneinander zu trennen, die zusammengewachsen waren, jedoch nicht zusammen gehörten. So sehr waren die Verstrickungen der Seele in den Körper übergegangen.

Alles in mir schien sich danach zu sehnen, die neue Form endlich zu finden und alles, aber auch wirklich alles wurde von meinem Verstand zur gleichen Zeit mobilisiert, sich gegen diese Herzentscheidung zu wehren. Nachts bäumte sich manchmal meine Wirbelsäule energetisch so auf, als würde sie durchbrechen wollen. Ich träumte viel und musste viel weinen, ohne groß den Grund dessen formulieren zu können. Und dennoch, jeden Tag spürte ich deutlicher, dass dies die richtige Entscheidung nicht nur für mich, sondern vor allem für Llano war. Ich stand immer mehr zu mir und meiner Entscheidung. Das war einer der härtesten Wege, die ich je gegangen bin. Für die Erfahrung bin ich sehr dankbar.

Mehr und mehr verstand ich, dass Llano nicht weg sein würde, sondern nur auf seinem Weg. Und dieser Weg ist der, der ihm ab jetzt besser entspricht, als der Weg, den ich ihm zu bieten hatte. Bei dem Ehepaar konnte ich mir sicher sein, dass sie sich gut um ihn kümmern würden. Vielleicht besser als ich es aktuell getan oder hätte umsetzen können. So musste ich also loslassen, ob ich wollte oder nicht. Ohne es zuvor zu ahnen, eroberte ich mir darüber wieder ein nächstes Stückchen Freiheit zurück. Letztendlich war es nur mein Verstand, der diesen Schritt nicht wollte, denn mein Herz wusste längst, dass es schon über Jahre hinweg an der Zeit war, sich voneinander zu lösen. Es war der Weg, sich neuen Raum zu schenken, Möglichkeiten zu eröffnen und sich gegenseitig frei zu lassen. Im Nachhinein war es das Beste, was uns zu diesem Zeitpunkt hätte geschehen können. All das was ich bereits wusste und wahrnahm, hat Llano mich gelehrt zu leben und es Realität werden zu lassen. Wir sind die Schöpfer unserer eigenen Realität, wenn wir uns trauen – selbstbestimmt und sich selbst liebend mitten durch das Herz.

Nachwort

Ich wünsche mir von Herzen, dass Sie durch das Lesen meiner Zeilen einen Eindruck davon bekommen konnten, wie sehr Loslassen auf allen Ebenen für Lebewesen und deren Wechselwirkung zueinander von belebender Bedeutung ist.

Loslassen kann bedeuten, beim Zusammensein mit dem Pferd immer mal wieder inne zu halten und zu resetten, so etwas wie auf Null zu stellen und zu schauen, was sich eigentlich alles zeigen kann, wenn wir im übertragenen Sinne die Zügel locker lassen. Nur so kann etwas Neues entstehen. Etwas, womit Sie so nicht gerechnet haben, bis hin zu kleinen oder größeren Wundern. Dieses Wort Wunder ist ganz bewusst gewählt, denn nur, wenn wir die Macht, die Dauerkontrolle, von der wir alle gelernt haben, dass wir sie stets halten müssen, loslassen, kann etwas entstehen, worüber wir uns wundern können. Wer Altes, immer Wiederkehrendes einfach nur wiederholt, kennt das Ergebnis und die Resultate längst. Das wiegt uns zwar in Sicherheit, diese befindet sich aber immer nur auf dem alten Land, das wir wiederholend betreten, wir betreten niemals echtes Neuland, ohne etwas zu verändern. Wundern tun wir uns nur über Neues. Sich zu wundern belebt uns, spornt uns an, gibt uns Lebendigkeit zurück und macht uns glücklich. Es schärft unsere Intuition, erhält unsere Kreativität und Flexibilität und hilft uns, uns immer mehr selbst zu vertrauen und dabei immer weniger Aufwand zu betreiben. Schließlich ist das Festhalten, was das Gegenteil des Loslassens ist, sehr kraftaufwendig, macht müde und schmälert nach und nach die Persönlichkeiten auf beiden Seiten des Führseils. Beide, Mensch und Pferd, kommen durch das Festhalten des Gewohnten niemals in ihr volles, lebendiges, natürliches Potenzial. Wir müssen loslassen, um uns und unserem Gegenüber mehr Größe zuzugestehen. Daran können und werden wir wachsen. Jeder von uns kann und darf dabei das Tempo selbst bestimmen. Doch wenn sich nichts mehr bewegt oder bewegen darf, dann ist das das Gegenteil von lebendigem Dasein.

Um in ein wahres Loslassen kommen zu können, müssen wir unsere Hausaufgaben machen. Das ist anstrengend und tut manchmal weh. Natürlich können und dürfen wir so bleiben wie wir sind – vor allem, wenn wir mit uns zufrieden sind – und unser Leben damit verbringen, sich nicht mehr zu ändern oder zu wandeln. Beständigkeit ist für viele Menschen eine große Aufgabe, die gelernt werden will. Und bei anderen, da ist der Ruf der Seele, der bei so vielen von uns in dieser Zeit lauter und lauter wird, zu stark, um alles beim Alten zu lassen.

Die Zeit hat eine neue, eine andere Qualität, als noch vor einigen Jahren. Entwicklungen werden schneller, Veränderungen eindeutiger, Möglichkeiten dehnen sich nicht mehr auf ein gesamtes Leben aus, sondern nur noch auf Lebensphasen, und dann kommen schon neue. Man muss nicht mehr sterben, um in ein neues Leben zu gehen, sondern kann Aspekt für Aspekt schon in diesem einzigen Leben miteinander kombinieren, wenn wir uns dabei nicht selbst im Wege stehen, es verhindern oder uns untersagen.

Wenn wir uns unserer selbst bewusst werden, und uns selbst gegenüber aufmerksam und wertfrei begegnen, können wir auch unsere Handlungen neu ausrichten. Wir können dann ganz leicht all jene Dinge erkennen, die schon so lange darauf warten, von uns reflektiert und losgelassen zu werden. Wenn wir in diesem Atemzug unser Potenzial nutzen, um alte Denk-und Handlungsweisen zu überdenken und sie bei Bedarf zu ändern, schaffen wir Platz in unserem Dasein und in unserem Lebenskontext, damit Neues entstehen kann. Erst dann bekommen wir selber oft erst bewusst mit, wonach wir uns wirklich sehnen. Erst dann können wir erkennen, warum wir eigentlich an bestimmten Neigungen, Entscheidungen und Handlungen so hängen. Und wir können einsehen, dass wir daran selbstverständlich hängen dürfen und können es dabei belassen. Dann dürfen wir uns nur nicht beschweren, dass das Leben uns nichts Neues mehr zu bieten hat.

Die einzigen, die uns oder nötigen Veränderungen im Wege stehen können, sind immerhin wir selbst. Wir selbst hindern uns daran, weiterzukommen und uns zu entwickeln, weil uns entweder das Loslassen des Alten oder das Annehmen des Neuen noch so viel Angst macht. Um uns zu wagen brauchen wir meist den kräftigen Anlass von außen. Doch wir können auch selbstbestimmt einen Schritt zur Seite gehen und einen aufwirbelnden Sturm durch unser gewohnheitsmäßiges Leben fegen lassen. Vor einem Sturm können wir uns beängstigt zurückziehen und uns ganz handlungsunfähig fühlen, wir können uns aber von ihm auch antreiben lassen und den Rückenwind genießen – und ihn nutzen. Er gibt uns die Kraft, mit neuem Schwung und vom Leben unterstützt Veränderungen anzugehen, die uns in eine noch größere, persönliche Freiheit bringen. Wir können freudig experimentieren wie ein Kind und dabei auf Dinge stoßen, von denen wir gar nicht gedacht hätten, dass sie für uns möglich sein würden. Nur, wenn wir uns trauen, im Jetzt zu sein, also hier und heute, sind wir handlungsfähig. Wir brauchen keine Reue mehr in die alte Zeit zu senden, uns nicht schämen, nichts muss uns peinlich sein. Wir brauchen auch nicht mehr irgendwelchen verpassten Situationen oder Gelegenheiten nachzutrauern. Alles war wie es war, und wenn es bis heute noch nicht verstanden wurde, warum das so war, dann macht das nichts. Eines Tages werden wir in der Rückschau unsere Lebensinhalte miteinander wie mit roten Fäden verbunden sehen können und verstehen, was uns widerfahren ist, und warum. Wir brauchen auch keine Zeit verschwenden und uns all die schönen Dinge, die wir uns vorstellen können, auf die Zukunft verschieben. Das Warten auf den richtigen Augenblick lähmt unser Jetzt genauso, wie stets in der Vergangenheit zu wühlen, um noch etwas gerade zu richten. Die Vergangenheit bleibt für immer ein biografischer Teil von uns. Wir können uns davon nicht trennen, nur Frieden schließen.

Der einzig richtige Augenblick sein Leben selbst in die Hand zu nehmen und es kreativ, frei und selbstbestimmt zu gestalten, kann immer nur der momentan gelebte Augenblick sein, denn nur genau zu diesem Zeitpunkt sind wir auch wirklich in der Lage, zu handeln.

Doch was bedeutet das für Ihr Pferd und Sie konkret?

Das ist recht einfach. Es geht um die Lehre des Loslassens und darum, was das Loslassen für Geschenke für Sie beide bereithält. Sie können von Ihrem Pferd lernen, mehr im Jetzt zu sein, ohne in der Vergangenheit zu hängen oder sich auf die Zukunft zu fixieren. Oder Sie können Ihr Pferd lehren und es ihm wieder beibringen. Ihr Pferd kann von Ihnen lernen, (wieder) im Jetzt zu sein, oder es kann Sie lehren. Gemeinsam können Sie neue Wege, Formen, Methoden und Möglichkeiten erkunden und wahrhaftig lebendig werden. Und verliert sich einer der beiden einmal im Gestern oder im Morgen, kann derjenige, der im Jetzt ist, den anderen immer erinnern und zurückholen in das Hier und Heute. Derjenige von Ihnen beiden, der mehr im Jetzt ist, ist stets der Lehrer und Entwicklungshelfer des anderen. Derjenige, der mehr auf sein Herz hört, ist immer der Meister, der andere der Schüler, bis sie eines Tages beide Meister sind. Gemeinsam können sie ihre Stärken dann leben und aus voller Kraft schöpfen. Dann haben Sie den „Flow“

erreicht, den Moment, in dem alles fließt. Und jeder für sich kann seine neu erworbene Kompetenz mit in seinen Lebenskontext nehmen und für andere ein Vorbild sein, ganz ohne Besserwisserei, Recht haben zu wollen und sich machtvoll durchsetzen oder über andere hinwegsetzen zu müssen. Das spart unglaublich viel Kraft und Lebensenergie. Dann kommen Sie beide zusammen, oder jeder für sich, in ihr persönliches Strahlen. Ihr Wesen kann sich entfalten und Sie werden sehen, was geschieht.

Vieles von dem, was dann vielleicht längst nicht mehr zu Ihnen passt, wird sich von allein zurückziehen. Ihr Leben wird „breiter", zeigt sich in vielen unterschiedlichen Gestalten und Möglichkeiten, bekommt mehr Farbe, und auf einmal werden Dinge wahr, von denen Sie nicht gewagt haben, zu träumen. Es kehrt eine innere Ruhe ein, aufbauend auf der Gewissheit, dass nur Sie Ihren Weg wissen können und sich von niemandem mehr dominieren lassen oder sich in irgend eine Form von Abhängigkeit begeben müssen, auch nicht in Abhängigkeit von alten Plänen, Vorstellungen oder Gedanken. Sie dürfen sich Ihrem Wesen gemäß ständig neu erfinden und leben, wonach Ihnen ist.

Ihr Pferd wird, sofern es in einer Herde leben darf, immer kompetenter. Es wird eine Zeit der Reibung in der Herde geben, weil andere Herdenmitglieder diese neuen, sich entwickelnden Kompetenzen anzweifeln und testen werden. Danach wird Ihr Pferd an Boden gewinnen und sich durch die Bestätigung in der Herde seine Wurzeln zurück erobern. Es wird sich mit allen Pferden dieser Welt, die auch schon zu ihren Wurzeln gefunden haben, verbinden. Gemeinsam sind sie „das WESEN der Pferde", eine unbeschreibliche, natürliche Gruppen- und Wesensenergie. Ihr Pferd wird weniger Verletzungen haben als zuvor, selbstbewusster auftreten, sich immer mehr selbst vertrauen und von anderen mehr geachtet und respektiert werden. Es ist seltener krank und wird psychisch immer stabiler. Seine Augen beginnen zu strahlen, wenn es seine Wurzeln zurück erobern darf und seinem Wesen entsprechend auf Augenhöhe leben und sich entfalten darf.

Das gemeinsame Sein bekommt eine immer schönere Qualität durch das Bewusstsein, dass Ihr Pferd weder weniger als Sie ist, noch ist es mehr. Beide bekommen die gleiche Gültigkeit im Wert eines Lebewesens und können sich wahrhaftig als Partner begegnen. Miteinander können Sie dann neues Land betreten.

Heute einen guten, wertvollen Tag zu haben, an dem sich beide geachtet und respektiert fühlen, ist die Weichenstellung für morgen. Einer positiven gemeinsamen Zukunft steht also nichts mehr im Wege!

Und schlussendlich ein paar wertvolle, konkrete Tipps zum Loslassen üben:

1.

Lassen Sie sich jeden Tag auf Ihr Pferd neu ein, egal, was gestern war oder was Sie morgen von ihm erwarten. Schauen Sie konkret, wie es Ihrem Pferd heute geht und versuchen Sie, seine Wünsche und Bedürfnisse immer mit in den gemeinsamen Ablauf zu integrieren. Das kann die Art der Aktivität sein, das Abbiegen, an einer Kreuzung, an dem Ihr Pferd nochmal links, Sie aber gerne rechts abgebogen wären oder ob es auf dem Grünstreifen oder der Mitte des Weges geritten werden möchte. Es kann sein, dass Ihr Pferd zu dem, was Sie heute vorhatten, gar keine Lust hat. Versuchen Sie es durch Kreativität zu motivieren, vielleicht erst einmal ein kleiner Spaziergang vor dem Aufsteigen oder eine Runde Freiarbeit im Round Pen, bevor es mit dem Reiten losgeht. Gönnen Sie es sich und Ihrem Pferd, den Sattel immer öfter durch ein weiches Pad zu ersetzen, damit sie einander wirklich spüren. Sich auf Ihr Pferd neu einzulassen, Vertrauen im Voraus zu schenken, macht viel mit der Seele des Pferdes.

2.

Versuchen Sie, sich an vorgefertigten Plänen Ihres Egos nicht allzu fest zu verbeißen und lassen Sie sich selbst und Ihrem Pferd Raum, etwas Neues auszuprobieren, was Ihnen beiden Spaß bereitet. Lassen Sie Ideen Ihres Pferdes zu und schauen Sie, wie diese umsetzbar oder einzubauen sind. Nehmen Sie im Zusammensein oder in der gemeinsamen Arbeit Geschwindigkeit heraus, öffnen öfter die seil- oder zügelführende Hand, schenken Ihrem Pferd mehr Seil und damit Bewegungsspielraum für Freiwilligkeit beim Führen. Sitzen Sie einfach auf Ihrem grasenden Pferd, ohne etwas zu wollen oder legen beim Reiten kleine Pause ein, in der Sie nichts weiter tun, als zu ruhen und tief in Ihren Bauch zu atmen. Finden Sie Ruhe miteinander, nicht nur Aktivität. Danach geht es entschleunigt wieder los. Lösen Sie sich und Ihr Pferd aus jedem nur denkbaren Druck, der aufgrund der Anhaftung an Ihr Wollen entstanden ist, und nur der Leistung oder der Perfektion diente. Sie beide sind, was sie sind, und sie sind gut so!

3.

Schauen Sie, dass Sie im Zusammensein mit Ihrem Pferd nicht machtvoll und dominant auf etwas bestehen, sondern bitten Sie es, mitzumachen. Versuchen Sie einen sanfteren, dennoch klaren und bestimmten Weg anzubieten, mit Methoden, die motivierend und aufbauend sind, anstatt stimmungsdämpfend und persönlichkeitsschmälernd zu agieren. Loben Sie in einem neuen Bezugsschlüssel von *mindestens* 2:1. Das bedeutet, dass Sie, sollten Sie es einmal korrigieren oder begrenzen müssen (was naturgemäß immer wieder vorkommt, Pferde aber oft emotional oder körperlich lähmt), es Ihre Aufgabe ist, das Zusammensein so zu gestalten, dass Sie Ihre Kritik mindestens mit daraufhin doppelt so viel Lob wieder ausgleichen, um die Situation zu neutralisieren. Das kommt einem Neustart gleich. Werden Sie empathischer und versuchen Sie, sich in Ihr Pferd hinein zu fühlen, um zu erfassen, was es für Bedürfnisse hat. Bauen Sie das Erfüllen ihrer beider Bedürfnisse in die gemeinsame Zeit ein. Manchmal sammeln wir in den Augen der Pferde auch Punkte in Sachen Führungskompetenz, wenn wir bereit sind, Dinge zu unterlassen und mild reagieren, anstatt übermäßig regelbetont.

4.

Decken Sie auf, welche Rolle Ihr Pferd für Sie heute spielt. Brauchen Sie selbst gerade einen Vater, eine Mutter oder ein Kind, also konkret: Brauchen Sie heute Struktur von jemand anderem, eine starke Schulter, eine Umarmung, möchten sich ankuscheln oder benötigen Sie heute jemand Bedürftigen, um den Sie sich kümmern und über den sich erhaben fühlen können? Stellen Sie fest, ob Sie Rollen auf Ihr Pferd projizieren und es damit in eine von Ihnen bestimmte Erwartungshaltung drängen. Werden Sie sich Ihrer eigenen emotionalen Situation bewusst und spüren Sie, wie es Ihnen heute geht. Versuchen Sie, sich das, was Sie brauchen, selbst zu geben oder Wege zu finden, die von Ihrem Pferd unabhängig sind. Dann kann Ihr Pferd einfach und ganz natürlich Ihr Pferd sein, ohne, dass Sie danach enttäuscht sind, weil es sich gerade heute seinen eigenen Bedürfnissen gemäß verhält und diesen nachgehen möchte oder ihre Bedürfnisse ignoriert.

5.

Lösen Sie sich aus der Vergangenheit, die Sie mit diesem Pferd oder Pferden allgemein verknüpfen, vor allem von allem, was nicht so gut gelaufen ist, wie Sie es gerne gehabt hätten. Schenken Sie Ihrem Pferd die Chance, diese Dinge ruhen zu lassen und schauen Sie heute neu, wer Ihr Pferd eigentlich heute ist. Lassen Sie los, was einmal war, vor allem, wenn die Situation mit emotionaler Ladung noch gefühlsschwanger in Ihnen nacharbeitet. Verzeihen Sie sich selbst die Fehler, die Sie sich einzugestehen haben, und verzeihen Sie auch Ihrem Pferd, wofür auch immer Sie es verantwortlich machen. Kommen Sie ins Jetzt und begegnen sie sich jeden Tag neu. Ganz vertraut, aber mit neuer Achtung und erfrischtem Respekt für das, was es ist.

6.

Gestatten Sie Ihrem Pferd, sich durch Entwicklung und Entfaltung zu verändern. Jeden Tag erlebt jedes Pferd verschiedene Reize. Einige davon sind unwichtig und werden gar nicht wahrgenommen, andere beeinflussen es sehr und regen es zu einer Reaktion, vielleicht sogar zu einer Weiterentwicklung an. Da wir „Möchte-Gern-Leittiere“ jeden Tag aus der Herde auf unnatürliche Weise verschwinden (was ein echtes Leittier nie täte), weiß weder Ihr Pferd, was Sie in der Zeit erlebt und deshalb zu verarbeiten haben, noch wissen Sie das von Ihrem Pferd. Etwas kann es so beeindruckt oder herausgefordert haben, dass es erst einmal wieder zu sich selbst finden muss, oder, und das ist der bessere Fall, es kann sich in Ihrer Abwesenheit entwickelt haben. Gönnen Sie ihm die Chance, ein etwas anderes Pferd zu sein, als es gestern war. Und nehmen Sie parallel alle Projektionen von ihm, die Sie vielleicht mehr selbst betreffen, als Ihr Pferd.

7.

Ersetzen Sie Ziele, die nicht (mehr) zu Ihrem Pferd passen durch neue, kreative Inhalte. Versuchen Sie wahrzunehmen, wenn sich Ihr Pferd nach neuen Dingen sehnt und versuchen Sie, ihm und sich selbst nicht mit alten Vorstellungen und Plänen bei der Umsetzung dessen im Wege zu stehen. Werden Sie geistig beweglich und schauen Sie, was noch möglich wäre, gemeinsam miteinander zu tun. Setzen Sie es in die Tat um. Sie dürfen alles machen, woran Sie gemeinsam Freude haben, ob „man" das jetzt so macht, oder nicht. So lange Sie respektvoll und die Natur des Pferdes achtend mit ihm umgehen, ist viel mehr möglich, als die Lektionen, die Sie schon kennen. Im Leben wahrhaftig zu leben ist nicht nur erlaubt – sondern erwünscht!

8.

Machen Sie sich klar, dass die Begegnung mit diesem Pferd kein Zufall ist. Lösen Sie sich von Ihren alten Glaubenssätzen, Prägungen, Beeinflussungen und Vorstellungen und gestatten Sie sich, von oben auf die Begegnung zu schauen. Vielleicht wird Ihnen ganz schnell oder neu klar, wozu die Begegnung dienlich ist und weshalb Sie sich eines Tages gegenseitig so magisch angezogen haben. Sicherlich wird mit der Zeit immer mal wieder etwas Neues deutlich. Trauen Sie sich, sich auf die liebende Lehre des Lebens einzulassen, auch wenn sie in Form eines Pferdes daher kommt.

9.

Wenn Sie bemerken, dass Sie oder Ihr Pferd sich entwickeln oder einer von beiden sich verändert hat, ohne, dass der andere sich dorthin mitentwickeln kann oder will, versuchen Sie diese Wahrheit möglichst ohne Widerstand erst einmal so zu nehmen, wie sie Ihnen erscheint. Pferde haben genau so Lebensphasen wie wir. Um mit manchen Dingen durchstarten zu können, müssen meist andere Dinge gehen. Lassen Sie sich darauf ein, dass Ihr Pferd ein lebendiges Wesen ist, das sich in seiner Form, Gestalt, in seinen Vorlieben und Eignungen nicht fixieren oder konservieren lässt. Gemeinsam zu leben bedeutet auch, sich kontinuierlich miteinander zu wandeln. Das ist doch das Besondere an Beziehungen, vor allem, wenn Entwicklung zeitgleich oder leicht versetzt verläuft.

10.

Befreien Sie sich und Ihr Pferd aus allen Korsetts, die nicht mehr dienlich sind. Beim Pferd kann das die Umstellung auf gebissloses Reiten sein, Ausritte nur mit einem weichen Pad, Änderung der Haltungsform in eine freiere Unterbringung oder eine passendere Herde, die dem Typ Ihres Pferdes angemessener ist. Sollte sich das dann in Ihnen spiegeln und Sie möchten auch etwas mehr Freiheit und Selbstbestimmung in Ihrem Leben spüren, dann überprüfen Sie alle Möglichkeiten, die sich Ihnen bieten, und lassen sich so frei wie möglich sein. Das kann neben Wohnort, Einrichtung und Arbeit auch Beziehungen und Freundschaften betreffen. Je mehr Sie sich in sich wirklich wohl und vollständig fühlen, desto wohler wird sich auch Ihr Pferd in Ihrer Gegenwart fühlen, und umgekehrt. Ein in sich befreites Pferd wird Ihnen umso freudvoller und motivierter entgegen kommen und das auf allen Ebenen.

11.

Lassen Sie alles los, was loszulassen ist, wenn es an der Zeit ist. Viele Halter und Ihre Pferde verbringen das gesamte Pferdeleben miteinander. Aber einige auch nicht. Einige sind einverstanden, wenn Sie wahrnehmen, dass Pferd und Mensch nicht weiter zueinander passen. Andere wehren sich stark dagegen und stellen all ihren Widerstand dagegen, eine entsprechende Entscheidung oder Handlung einleiten zu müssen. Wer nicht zusammen passt, muss sich zwingen, reibungslos zusammen zu sein. Einer von beiden muss sich dann immer anpassen und sich auf mindestens einer Ebene verbiegen. Das betrifft oft eher die Pferde, als die Menschen, denn die Pferde sind nicht in der Lage, eine Entscheidung durchzusetzen, die eine wirkliche Veränderung betrifft. Seien Sie fair Ihrem Pferd und sich selbst gegenüber, vor allem, wenn Sie Ihr Pferd haben, um mit ihm Ihre Freizeit zu verbringen. Ein gezwungenes Pferd in einer nicht intakten Beziehung bringt niemandem langfristig Freude. Das Unfallrisiko steigt, wenn der Unterschied zwischen beiden zu groß ist. Es gibt immer jemanden, der genau zu Ihrem Pferd passt. Es spricht nichts dagegen, sich neu zu orientieren, wenn die Zeit dafür reif ist. Das ist Freiheit für beide Seiten.

12.

Versuchen Sie, den Sinn zu begreifen, weshalb Sie und Ihr Pferd diesen gemeinsamen Weg gehen. Leben Sie diesen Sinn täglich ganz bewusst und füllen Sie ihn mit Inhalt, genau so, wie es zu Ihnen beiden passt.

Denken Sie daran, dass Pferde nicht so alt werden wie wir und machen Sie sich bewusst, dass es Sie nur einen Teil Ihres Lebens wird begleiten können. Verschieben Sie nicht alles in die Zukunft, was Ihnen schon jetzt Freude machen und beiden Sinn geben würde. Sie haben sich getroffen, um wahrhaftig miteinander zusammen zu sein und Inhalte miteinander zu erleben. Leben Sie im Jetzt!

Wenn Sie sich trauen, sich diesen Übungen und vielfältigen Aufgaben zu widmen, in einem Stück oder immer mal wieder, dann werden Sie sich auf den Weg machen, täglich selbstbestimmter und vor allem immer bewusster zu werden. Es ist mir ein Bedürfnis und eine Herzensangelegenheit, Sie im Sinne der Pferde zu unterstützen, ein mündiger, echter und authentisch lebender Mensch zu werden. Selbständig und selbstverantwortlich für sich und die nahe Umgebung, wie ein kleiner, eigener Kosmos. Die Menschen, die sich auf Entwicklung und Selbstentfaltung einlassen und sich neu daran ausrichten, sind in der Lage, dieses auch ihren Pferden angedeihen zu lassen. Sie gönnen es ihren Pferden und jedem anderen Wesen mit jeder Faser ihres Körpers. Wenn Sie zu dieser immer größer werdenden Gruppe Menschen gehören (wollen), dann haben Sie schon bald ein starkes, klares, authentisches, zuverlässiges und kraftvolles Pferd an Ihrer Seite.

Und sollten Sie dabei einmal ins Schwanken kommen oder haben sich doch von jemandem verunsichern lassen, dem Sie die Größe und die Macht eingeräumt haben, sich über Sie, Ihren Pferdeumgang, die natürliche Haltung oder ähnliches zu erheben, und Sie sich in Folge dessen klein, rat- und hilflos fühlen, dann nehmen Sie dieses Buch erneut in die Hand und sorgen für sich. Erarbeiten Sie sich erneut Ihre eigene Stabilität und Stärke. Kommen Sie in Ihre Größe zurück. Und danach schauen Sie genau hin, warum Sie ins Straucheln gekommen sind. Sie werden daran wachsen.

Orientieren Sie sich immer wieder an der Natur des Pferdes, was Haltung, Arbeitsbedingung, Herdenverhalten und Bindung angeht, und nehmen Sie sich ein Beispiel an diesen wundervollen Geschöpfen. Optimieren Sie, was es zu optimieren gibt: immer am Beispiel der Natur. Dann kann am Ende auch nur eine natürliche Lösung für Sie und Ihr Pferd dabei herauskommen. Wenn wir der Natur am nächsten sind, wird alles ganz unkompliziert, frei und leicht. Es ist nur der Schritt dahin, der viel innere Arbeit und äußere Umsetzung benötigt. Ist das erst einmal geschafft, kommen Sie in den Genuss der Leichtigkeit.

Schnellkalibrierung. Erste Hilfe bei Verunsicherungen

In unserer Zeit, Kultur und Gesellschaft ist es ganz leicht, den Boden unter den Füßen zu verlieren. Die Welt ist zu umfassend, zu riesig, zu vielfältig, zu chaotisch und bei all dem viel zu schnelllebig geworden, um sich unbeeinflusst stets sicher, in sich stabil und geborgen zu fühlen. Vielen von uns mangelt es im richtigen Moment an der Person, die uns zuhört oder uns einen zuverlässigen, wahrhaftig weisen Rat geben könnte.

Daher biete ich Ihnen ein paar Affirmationen an, die Sie sich selbst sagen und mit den eigenen inneren und äußeren Ohren vernehmen und verinnerlichen können, um sich den eigenen Boden wieder zurückzuerobern und sich selbstbewusst im wahrsten Sinne des Wortes für sich gerade zu machen.

Affirmationen, die Halt geben können:

» Ich bin bereit, mich mit jedem Impuls zu entwickeln und zu wachsen.

» Ich löse mich vom Kampf und verzichte auf Rechtfertigungen.

» Ich bin wertvoll. Ich bin es wert, so geliebt zu werden, wie ich bin.

» Ich lebe und entwickle mich voller Freude und Zuversicht.

» Nur ich kann meinen wahren Weg erspüren. Ich brauche ihn nicht in Worte zu verpacken. Zu spüren und auf mein Herz zu hören reicht, um eine eigene, innere Gewissheit zu erlangen.

» Ich fühle mich sicher, geborgen und geschützt. Woran ich glaube, darf ich selbst bestimmen und formulieren.

» Ich lerne ständig dazu und entwickle mich weiter. Ich fälle meine Entscheidungen immer an der Natur orientiert. Ich lerne von der Natur persönlich. Das schließt auch mein Pferd mit ein.

» Ich habe das Recht auf Freude, Liebe und Leichtigkeit. Ich trage meine Verantwortung (und die für mein Pferd) immer so gut ich kann selbst. Es ist nicht nötig, sich in Abhängigkeiten zu begeben.

» Brauche ich einen Rat, entscheide ich selbst zu gegebener Zeit, wer mein Ratgeber sein soll. Trotz eines guten Rates bin ich es selbst, die die Entscheidungen für mich (und mein Pferd) fällt.

» Wandlung und Reifung gehören zu meiner natürlichen Entwicklung. Ich darf mich jederzeit durch Entwicklung verändern und mich entfalten, wenn es gut für mich ist.

» Nach einem großen Fortschritt kalkuliere ich bewusst eine Pause ein. Das Abwechseln von Aktivität und Passivität ist ein Naturgesetz.

» Ich selbst entscheide, was gut für mich ist und was nicht. Ich orientiere mich dabei immer an meinem Herzen.

» Wenn ich nicht meinem eigenen Ideal entspreche, ist das nicht schlimm. Mein eigenes Ideal ist nur die Richtung, in die ich mich bewege. Als Mensch akzeptiere ich, dass Fehler machen ein Teil der Lehre des Lebens ist.

» Ich lerne zu akzeptieren, dass ich meinem Ideal immer nur für einen Moment entsprechen kann. Ich werde nie mein Ideal sein, denn das Ideal ist nur eine Vorstellung von mir, nicht die Realität. Daher löse ich mich von schlechtem Gewissen, Traurigkeit und Schmerz, dass ich nicht perfekt bin. Nicht perfekt zu sein, bedeutet, perfekt zu sein.

Ich hoffe, diese Affirmationen können Ihnen helfen, nachsichtig, milde und gut zu sich zu sein. Sich selbst anzunehmen ist wohl das größte Geschenk, das wir uns auf dem Weg der Selbstfindung machen können. Es ist nicht nur erlaubt, nein, es ist sogar erwünscht!

Dank

Ich möchte an dieser Stelle vor allem den Pferden danken, dass sie mich so wundervoll und voller Wunder durch mein Leben führen, mich begleiten und mich leiten. In ihnen allen spüre ich das pure Leben und ich bin zutiefst berührt darüber, dass ich mit ihrer Hilfe diesen für mich bedeutsamen, sinnvollen Weg gehen konnte, ihn weiter gehen kann und immer weiter gehen werde. Ich wüsste nicht, von wem ich all diese Lektionen lieber gelernt hätte, als von den Pferden. Ich bin dankbar für ihre scheinbar unerschöpfliche Geduld mit mir. Dass ich so viele von ihnen treffen durfte und darf, bedeutet für mich, dass ich einen sehr weiten Weg zu gehen hatte, der sich abseits meiner eigenen Vollständigkeit befand. Die Pferde haben es mehr und mehr geschafft, mich zu mir zurückzuführen und mir nicht nur ihre, sondern auch meine Natur näher zu bringen. Das ist nicht nur ein Geschenk, das ich immer wieder herzlich annehme, sondern auch eine große Gnade. Die Güte jedes einzelnen Pferdes auf meinem Weg stimmt mich glücklich – und sprachlos, denn für diese Größe habe ich bei weitem nicht genügend Worte.

Danke an alle, die mich so liebevoll angenommen, gefordert, gefördert und mich meine Lektionen gelehrt haben. Durch die Pferde habe ich einen Eindruck bekommen, wie liebevoll das sein muss, was ich „Die wahre Quelle des großen Ganzen“ nenne.

Ganz irdisch danke ich all jenen, die meine Entwicklung getragen und sie unterstützt haben. Es muss hin und wieder sehr anstrengend gewesen sein, mich in meinen Prozessen von außen zu beobachten und mir beständig zur Seite zu stehen. Allen voran gehen in dieser Zeit Heiko,

Bruni, Janka, Conny, Petra, Jana, Sina, Ilka und Udo, Sigrid und meine Entwicklungshelfer Roland H. und Frank B.

Dr. Bernd Flossmann von IhrTraumvomBuch.de gilt mein ganz spezieller Dank für die Unterstützung bei Gestaltung, Schriftsatz, Korrekturen und Programmierungen der e-Books. Besonders danke ich ihm für seine Geduld und Muße, mich dabei zu unterstützen, mich als Autorin und bei der Gestaltung der Bücher entfalten und mich selbst weiter entwickeln zu können.

Ganz besonders danke ich Gabi und Matthias für das Auftauchen im richtigen Moment, um Llano ein liebevolles zu Hause zu schenken. Und von Herzen meinen Eltern!

Danke!

Über die Autorin

Tanja von Salzen-Märkert fühlt sich seit ihrer Geburt magisch von den Pferden angezogen. Schon früh erarbeitete sie sich die Beziehung zu ihrer ersten, anfangs sehr schwierigen Stute. Von ihr lernte sie die wichtigsten Dinge, um ein Pferd wieder zurück zu seiner Natur zu führen. Durch empathisches Zuhören verstand sie die Dinge, bei der Reitlehrer und andere Pferdespezialisten keine Antwort auf ihre vielen natürlichen Fragen hatten – Prinzipien, die bis heute gelten und aktueller sind, denn je.

Seit der ersten Begegnung mit dieser Stute sind jetzt über 30 Jahre vergangen. In dieser Zeit hat sich Tanja von Salzen-Märkert mit viel Ambition, Engagement und Idealismus zu einer gefragten Pferdefrau entwickelt. Ihr höchstes Ziel ist die Rückführung einzelner Pferde zu ihrer Natur und eine natürliche, gewaltfreie Kommunikation zwischen Mensch und Pferd.

Als Pferde-Mensch-Coach lehrt und schult sie vor allem die Themen gegenseitiger Achtsamkeit, Empathie und partnerschaftlichen Umgang mit dem Pferd sowie energetische Grundsätze. Mit dem Satz „Natürlichkeit ist harte Arbeit“ bringt sie ihre Klienten auf den Boden der Tatsachen zurück und erarbeitet mit ihnen und ihren Pferden Stück für Stück die Intuition, die Menschen brauchen, um wieder auf die innere Stimme im eigenen Bauch zu hören und dieser Stimme zu vertrauen.

Ihre sehr intensive und tiefgreifende Arbeitsweise, die sowohl präventiv, als auch in problematischen Konstellationen greift, trägt den Namen

„Essentielle Pferdearbeit“.

Dabei geht es um das Wesen des Pferdes in seiner Gesamtheit, die „Essenz“, die das Wesen des Pferdes ausmacht. In dieser Arbeit mit Mensch und Tier hat Tanja von Salzen-Märkert ihre Berufung gefunden.

Weitere Bücher und e-Books der Autorin

„*Den Pferden zuhören – Der Weg zur Achtsamkeit*“,
erschienen 2015 im Crystal Verlag

„*Zwischen Himmel und Herde – Von der Natur der Pferdeseele*“,
erschienen 2016 im Crystal Verlag

„*Das Erwachen der Intuition – Der Weg der Pferdefrauen*“,
erschienen 2019 bei epubli im Selbstverlag

„*Llano – Vermittler zwischen den Welten – Gespräche mit einem Medizinpferd*“,
erschienen 2019 bei epubli im Selbstverlag

ISBN 978-3-7502-6270-6
00002
9 783750 262706
www.epubli.de

Printed in Poland
by Amazon Fulfillment
Poland Sp. z o.o., Wrocław

67419604R00130